Visage de Cahors
Poutre extérieure

Quatre ou cinq femmes attendent la star

Du même auteur*

Certaines œuvres sont connues sous différents titres.

Romans

Le Roman de la révolution numérique
Ils ne sont pas intervenus (Peut-être un roman autobiographique)
La Faute à Souchon
Quand les familles sans toit sont entrées dans les maisons fermées
Liberté j'ignorais tant de Toi
Viré, viré, viré, même viré du Rmi !

Théâtre

Neuf femmes et la star
Les secrets de maître Pierre, notaire de campagne
Ça magouille aux assurances
Chanteur, écrivain : même cirque
Deux sœurs et un contrôle fiscal
Amour, sud et chansons
Pourquoi est-il venu :
Aventures d'écrivains régionaux
Avant les élections présidentielles
Scènes de campagne, scènes du Quercy
Blaise Pascal serait webmaster
Trois femmes et un Amour
J'avais 25 ans
« Révélations » sur « les apparitions d'Astaffort » Brel Cabrel

Théâtre pour troupes d'enfants

La fille aux 200 doudous
Les filles en profitent
Révélations sur la disparition du père Noël
Le lion l'autruche et le renard,
Mertilou prépare l'été

* extrait du catalogue, voir page 83

Stéphane Ternoise

Quatre ou cinq femmes attendent la star

Sortie numérique : 31 mai 2011

Édition revue en 2014.

Disponible en numérique et en papier.

Jean-Luc PETIT Editeur - collection Théâtre

Stéphane Ternoise versant dramaturge :

http://www.dramaturge.fr

Tout simplement et logiquement !

Site officiel : http://www.ecrivain.pro

© Jean-Luc PETIT - BP 17 - 46800 Montcuq – France

Stéphane Ternoise

Quatre ou cinq femmes attendent la star

Deux pièces féminines : *Quatre femmes attendent la star et Cinq femmes attendent la star.*

En janvier 2008 dans *Théâtre peut-être complet* figurait *Neuf femmes et la star*, une comédie avec huit femmes et deux hommes : Odette, Aurélie, Brigitte, Cécile, Delphine, Emilie, Françoise, Géraldine, Antonin K et un fan.

Et si la star ne venait pas ? Ainsi une version uniquement féminine (sans le fan).

Simplement supprimer les hommes ? Non, réduire la pièce, avec l'incontournable Odette et Alice, Brigitte, Carla (ne viendra pas), Diane.

Alice et Diane ne sont pas la transposition d'Aurélie et Delphine mais des personnages plus fournis.

La version avec cinq femmes, c'est la venue d'une fan.

Stéphane Ternoise

Quatre femmes attendent la star

Comédie contemporaine en trois actes

Distribution : quatre femmes

Quatre femmes attendent la star

Le sujet : trois femmes lauréates d'un concours leur offrant vingt-quatre heures avec leur idole, le chanteur Frédéric K, dans son village du sud-ouest. Secrétaire de l'association organisatrice, Odette, un peu gaffeuse même à jeun, les accueille. Arrivées programmées à la file indienne. Mais l'idole est en retard... et finalement ne viendra pas. Les quatre femmes passeront donc la soirée ensemble, dressant un portrait peu flatteur de l'idole, du show biz et de leur vie. Une pièce pour rire et réfléchir.

Le décor : une belle salle de réception mais d'un style kitch avec une table longue ornée de nombreuses fleurs, un bureau, des chaises, un canapé garni de coussins multicolores ornés des initiales « FK», trois portes (celle d'entrée, une vers une autre salle, une vers les toilettes), des fenêtres, une guitare sèche suspendue au mur (au-dessus du canapé).

Les personnages :

Odette : hôtesse d'accueil, la quarantaine.

Les lauréates, par ordre d'arrivée programmé :
Alice, Brigitte, Carla (ne viendra pas), Diane : la trentaine, distinguées, resplendissantes, vêtues avec goût, se présentent avec un petit bagage.

Frédéric K est un chanteur moustachu et vieillissant, la soixantaine, ne viendra pas.

Acte 1

Odette seule dans la salle de réception. Elle marche de long en large, tout en regardant sa montre, inquiète.

Odette, *en arpentant la scène* : - Je ne marche pas par nécessité. Mais ça me calme ! Calme-toi Odette, puisque tu marches ! Tu agis parfaitement pour recouvrer ton légendaire calme. Respire ! (*elle respire profondément*) Oui, avec le ventre, c'est bien... Zen... (*elle continue en silence à marcher, inspirer et expirer profondément*) La première va arriver... Elle va sonner, j'en suis certaine... Tout va encore foirer et ça va retomber sur qui ? Sur ma tronche comme d'habitude... Je ne me suis quand même pas trompée de jour ? (*elle prend une chemise sur le bureau, l'ouvre...*) Ce serait une belle histoire à raconter ! (*elle sourit*) Odette panique mais elle s'était emmêlée les puceaux (*se frappe la tête*) (*précision de l'auteur : ce lapsus peut être retiré lors de certaines représentations, comme d'autres lapsus, si jugés incompatibles avec le public*), les pinceaux, les dates quoi !... Non, c'est bien aujourd'hui... L'arnaqueur de fleuriste a livré ce matin, donc c'est le jour J !... J comme Jouissons ! Et la première va arriver. (*silence*) Mais qu'est-ce qu'il veut se prouver ! Il a tout : l'argent, la gloire, sept résidences secondaires, trois hôtels, deux Porsche, une Ferrari, un jet forcément privé, un aéroport forcément privé, un 4x4, des vignes, des terres en Afrique, des panneaux solaires, des amantes, des autruches, des bisons, des enfants. Comme elles sont belles ses filles ! Pauvres petites filles riches, va ! Comme ça doit être invivable, fille de star !... Génial et invivable !... Pratique, génial, inespéré. Mais invivable après quatorze ans !... Le fou ! Tout ça à cause de quelques rides ! Qu'est-ce qu'il croyait ! Un jour même la chirurgie esthétique ne peut plus rien ! Et de l'autre, qui s'amuse, avec ses parodies. Quel impertinent ! Mais comme c'est drôle ! (*elle éclate de rire*) Après tout, je m'en fous si tout foire. Pierre qui roule n'amasse pas mousse ! (*elle lance la chemise sur le bureau ; peu importe si elle n'atteint pas sa cible*) Odette philosophe, parfaitement. (*elle se vautre dans le canapé*) Si j'étais star, sûrement que moi aussi j'aurais des caprices de star. (*de sa main droite elle mime un éventail*) Mais pas quatre !

On Sonne.

Odette : - Oh peuchère ! Enfin ! Il a fini de se maquiller ! Oh ! Les lumières !…

Elle se lève, se précipite sur les interrupteurs – après quelques essais transforme la pièce, qui devient très intimiste – et fonce vers la porte, s'arrête, souffle, ouvre, s'apprête à sauter au cou de son idole... (salariée de « l'association », elle reste très fan) C'est Alice... Odette s'arrête net.

Alice, *surprise* : - Je suis la première ? Suis-je un peu trop en avance ?

Odette, *se reprenant* : - Entrez, entrez, Alice.

Alice : - Comme vous connaissez mon prénom, je suis à la bonne porte ! (*elle observe le décor, qu'elle doit juger très intimiste*).

Odette : - Entrez, entrez, Alice. Frédérico devrait être là, il a… un léger retard.

Alice : - Ah, je comprends, c'est lui que vous vous apprêtiez à accueillir d'une manière aussi fougueuse ! Forcément !

Odette : - Mais non, mais non… J'ai glissé.

Alice, *en souriant* : - Et je suis la première ?

Odette : - Naturellement... ce qui signifie : vous pouvez le constater.

Odette referme la porte.

Alice : - Oh ! La première guitare !

Odette : - C'est même pas vrai !... (*se reprenant*) Oui, la première guitare de Frédérico (*comme si elle récitait*) sur laquelle, seul dans son jardin, à l'ombre des figuiers, il a composé ses premiers succès.

Alice : - Oh ! Comme c'est touchant de la voir en vrai.

Odette : - Je vais le rappeler... (*elle sort son portable d'une poche et appelle ; à Alice :*) C'est toujours son répondeur. C'est le répondeur depuis une heure. Je l'ai bien déjà appelé dix-sept fois (*elle range son portable*).

Alice : - J'espère qu'il ne lui est rien arrivé de grave ! Ce serait trop bête ! J'ai tellement rêvé de cet instant ! Rencontrer Frédéric ! Pouvoir lui parler comme je vous parle...

Odette : - Parler, parler, ce n'est pas son fort, au Frédéric !

Alice : - Pourtant, à la télé, il a toujours l'air tellement à l'aise, et si calme, si souriant...

Odette : - Avec un prompteur, tout le monde serait comme lui ! (*face au regard interloqué d'Alice, Odette réalise qu'elle s'exprime devant une lauréate*) Je plaisante ! Nous sommes dans le sud-ouest ici, nous avons la galéjade facile.

Alice : - Je croyais que la galéjade se pratiquait uniquement du côté de Marseille.

Odette : - Naturellement... ce qui signifie : ici gasconnades.

Alice : - Gasconnade, Gascogne, Gascon, c'est donc vrai : le caractère des Gascons était très haut en couleur ? C'était bien au temps de la langue d'Oc ? Après l'empire romain ?

Odette : - Je suis là pour vous accueillir, l'office de tourisme c'est à côté… Je vous le susurre sans m'énerver : la Garonne nous irrigue, donc nous avons la plaisanterie naturelle. Comme vous débarquez de Paris, vous ne comprendrez pas toujours !

Alice : - Je suis de Châteauroux.

Odette : - Je le sais parfaitement, 27 ter rue Romanette Boutou. Mais pour nous, au-dessus de Brive la Gaillarde, on grelotte, c'est le pôle Nord.

Alice : - C'est une gasconnade ?

Odette : - Vous comprenez vite… J'allais ajouter pour une parisienne ! Je vous bouscule un peu, c'est juste pour noyer mon anxiété ! Je noie mon anxiété dans la Garonne ! Je vous l'avoue sans chinois, sans chichis même : je ne comprends pas pourquoi Frédéric n'est pas à ma place et moi derrière la caméra.

Alice : - La caméra ?

Odette : - Euh… Oui pour vous offrir la cassette de votre rencontre.

Alice : - Ah ! Forcément ! Quelle délicatesse !… Comme c'est touchant. Et vous travaillez depuis longtemps avec Frédéric ?… Je me permets cette familiarité du prénom… sur son courrier si poétique, il notait : « *Appelez-moi Frédéric quand nous aurons la chance d'enfin croiser nos regards.* »

Odette : - C'est plus intime. Frédéric avec un F comme Féerique ! Forcément Frédéric ! Forcément fornique ! Toujours mieux que son prénom de naissance ! Les parents sont parfois fous !

Alice : - Comment ? Frédéric est un pseudonyme ?

Odette : - Qui vous a induite dans cette erreur ?

Alice : - Vous !... Pourtant j'ai lu toutes ses biographies et pas une ne signale un pseudonyme.

Odette : - Il faudra vous y habituer ! Ici on cause avec des images.

Alice : - La terre du grand poète, forcément.

Odette : - Comme recopient les journalistes !

Alice : - Comme je suis heureuse d'être ici ! Devant la porte, je me demandais si l'idole de ma vie allait m'ouvrir. Comme j'aurais été intimidée !

Odette : - Il doit encore traîner des moustaches dans le bureau. Tu veux que je les mette ?

Alice : - C'est une gasconnade ?

Odette : - On est dans le show-biz ici, après cinq minutes on se tutoie, après sept on s'embrasse sur la bouche.

Alice se recule.

Odette : - C'est une des célèbres répliques de notre poète bancal ! Local ! Les aphorismes du moustachu ! Il devrait être là, nous voguons à vue, nous sommes en totale improvisation. Je sens venir le paranormal ! Et je n'aime pas ça ! (*elle ressort de sa poche son portable et le rappelle*). Toujours la boîte vocale. « Frédéric, la première lauréate est impatiente de te voir en chair en muscles et en os. Et plus si affinités » (*elle pose son portable sur la table*).

Alice : - Encore une gasconnade !

Odette : - Déformation professionnelle !

On sonne.

Alice : - Oh !

Odette : - Ne rêvez pas, je n'ai pas refermé à clé ! Quand il est en retard, avant de sonner, Frédéric tourne toujours la poignée pour entrer discrètement, avec son petit air d'enfant de chœur pris en faute avec le verre de vin blanc de monsieur le curé aux lèvres et les joues qui rougissent !

Alice : - Ah !

Odette : - Ma mère l'a vu enfant de chœur, c'était en… (*se reprenant*) Je vous parie que c'est Brigitte, 42 rue Pasteur, une de vos co-lauréates.

Alice : - Vous êtes voyante ?

Odette : - Les gasconnades de Châteauroux, c'est comme les gaillardises de Brive, ou pire : comme un Frédéric sans moustache.

Odette va à la porte, ouvre.

Odette : - Bonjour Brigitte.

Brigitte : - Je suis en avance… Je serais venue à pied pour voir Frédéric…

Odette : - Y'a pas de quoi !… Euh, je vous comprends.

Odette referme.

Alice : - J'en suis certaine : vous n'habitez pas Valenciennes !

Brigitte : - Je pensais être la première en arrivant en avance…

Odette : - Je m'occupe des présentations, Alice, première arrivée.

Brigitte : - Enchantée.

Alice : - En chansons… Je m'entraîne… Nous sommes au pays des gasconnades !

Odette : - Et la gasconnadière en chef, Odette, chargée par le maître d'improviser quand la pendule ne tourne pas rond.

Brigitte : - Et c'est le cas ?

Odette : - La centrale nucléaire détraque nos pendules.

Alice, *à Brigitte* : - C'est un message codé ; Odette, pourriez-vous traduire ? Nous n'avons pas grandi dans l'ombre du maître.

Odette : - Je répète une dernière fois : Frédéric devrait être là...

Alice : - Et il est ailleurs !

Brigitte : - Et personne ne connaît cet ailleurs ?

Odette : - Qui sait avec lui !

Brigitte : - Oh ! La première guitare ! (*elle s'approche du canapé*)

On sonne !

Odette : - Je n'ai pas refermé à clé !

Alice : - Si ce n'est lui, c'est donc une autre.

Brigitte : - Et pourquoi donc, ne serait-ce pas lui ?

Odette : - Transmettez le savoir Alice, je suis postière, portière !

Alice : - Parce que Frédéric appuie toujours sur la poignée avant de sonner depuis qu'il a été surpris par Odette à boire le vin rouge de monsieur le curé, et Odette enferme les bouteilles à clé...

Odette : - Mais tu mélanges tout !

Alice : - Je crois que cette histoire me perturbe de plus en plus !

Brigitte : - Je n'ai rien compris. Vous êtes surréaliste tendance André Breton ?

Alice : - Je suis réaliste tendance *Psychologies Magazine*. Avec même un peu de Prozac quand ça chauffe trop.

Odette ouvre.

Odette, *en ouvrant* : - Encore, déjà ! Mais vous êtes toutes en avance !

Entre Diane.

Diane : - Enfin arrivée !

Odette : - Mais oui, bonjour Diane.

Diane : - Bonjour...

Odette : - Odette, Odette avec un O et quelques dettes...
Rassurez-vous, j'ai une éponge qui les récure !... Les
absorbe ! L'argent coule tellement à flots dans son
ruisseau.

Toutes la regardent sans comprendre.

Odette : - J'ai une relation qui les éponge, un chanteur à
sucer... succès, si vous ne comprenez pas les raccourcis.
Diane qui arrive avant Carla, décidément tout part de
travers.
Alice : - Les chemins de travers.
Odette, *en les montrant* : - Je te présente Alice et Brigitte,
fait comme chez toi petite princesse, Frédéric devrait être
là mais j'ignore où il est... Demande des informations,
raconte ton voyage, des blagues, montrez-vous les photos
de vos enfants, vos vacances, vos amants, Odette est
débordée, déboussolée, déprimée et Alice, au lieu de
m'aider, mélange tout. Elle aurait dû s'appeler Zélie ! Je
n'en peux plus ! (*Odette prend dans une de ses poches une
pilule, hésite*) C'est un cas de force majeure, sinon je vais
péter un plomb ! (*elle l'avale*) Ha ! Je me sens déjà
mieux ! Cool ! Le show-biz a quand même de bons côtés !
Défonce majeure !

*Alice et Brigitte l'observent avec désapprobation,
tandis que Diane pose son sac dans un coin sans y
prêter attention.*

Diane : - Oh ! La première guitare...
Odette *plane, pour elle* : - Peace and Love !
Champagne !... Mais ça ne dure jamais, je sais, je suis
lucide même dans mon aéroplane blindé. J'en ai trop
ingurgitées. Une vie de défonce ou une vie où l'on
s'enfonce jusqu'au cou dans le fossé ? Même si j'avais eu
le choix, si Frédéric ne m'avait pas embarquée dans son

délire, j'aurais choisi le soleil artificiel (*le regard de plus en plus vague*). Comment peuvent-elles supporter la grisaille ? Je vous pardonne, vous ne pouvez pas comprendre, vous ne devez jamais savoir…

Diane, *en se retournant et les observant rapidement* : - Nous avons toutes le même signe distinctif, ce bracelet en argent ! Quand je l'ai découvert dans la lettre il m'a causé une émotion digne d'un premier amour, ou d'une Momina draguée à l'aéroport du Caire par un notable de l'union européenne… (*toutes la regardent, Diane gênée*) Oui, le bracelet en argent (*elle soulève le bras pour montrer son bracelet*)

> *Toutes soulèvent leur main gauche pour montrer leur bracelet et rient. Odette a le même et rit encore plus fort. Elle soulève le bord de son pantalon droit pour montrer qu'elle en a un aussi à la cheville.*

Brigitte : - Moi, quand je l'ai vu, j'ai failli m'évanouir.

Alice : - Au pays des gasconnades, tu aurais dû t'exclamer « *Trois heures furent nécessaires aux pompiers pour me réanimer…* » Oui, je te tutoie, j'ai retenu la première leçon d'Odette « *Après cinq minutes, on se tutoie…* »

Odette, *qui plane* : - Tutoyez-vous, aimez-vous les unes les autres. Et adoptez des enfants si… si je chante faux ! (*en pouffant de rire*)

Diane : - Donc on se tutoie, ça ne me dérange pas, puisque nous sommes dans le même bateau (*Odette, sans l'interrompre : « bureau pas bateau »*), que nous avons toutes eu l'heureuse surprise de recevoir une lettre, elle m'est arrivée le même jour que le mail de Momina m'annonçant quelque chose de désagréable à m'apprendre. Désagréable, je ne m'étais pas inquiétée, elle m'écrivait toujours *mon Amour*.

19

Brigitte : - Momina, c'est un pseudo du web branché ?

Diane : - Momina est un prénom fréquent en Afrique du nord, elle était l'amante du cynique et manipulateur Carlo, elle était son passe-temps gratuit, tandis que je l'attendais en toute confiance, d'un Amour absolu... enfin je ne vais pas vous raconter ma vie !

Alice, *pour elle, en se passant la main droite dans les cheveux* : - L'une plane, l'autre vide son sac sentimental, je devrais peut-être aller attendre Frédéric dehors.

Diane : - Avec tant d'avance, je croyais arriver la première... ou nous n'avons pas toutes été invitées à la même heure ?

Odette : - Waouh ! En plus intelligente, la princesse ! Grande capacité de déductions, je note !

Diane : - Merci !

Odette, *qui plane toujours* : - Délicatesse de Frédéric. À chacune un accueil personnalisé, arrivées programmées avec un intervalle régulier...

Brigitte : - Personnalisé ?

Odette, *moins planante* : - Mais en plus de Frédéric, maintenant il manque Carla ! L'ordre d'arrivée n'a pas été respecté, c'est la chienlit ! Général ! Réveille-toi, ils sont devenus fous !

Diane : - Et le programme ? Quel est le programme ? L'incertitude c'était bien avant, on pouvait tout imaginer. Mais maintenant que nous sommes arrivées...

Odette : - Programme ! Le programme ! Mais Odette n'a qu'un rôle secondaire ! Je suis une simple salariée qui se mettra en grève un jour ! Tout reposait sur Frédéric et vous, ravissantes lauréates !

Brigitte : - Il devait nous apprendre à écrire une chanson ?

Odette : - Apprendre à écrire une chanson ! J'aurai tout entendu dans l'ombre du boss ! J'ai pas dit du bossu ! Si je la retiens, je l'écrirai celle-là ! Dans mes mémoires. Les mémoires d'Odette ! « *Mémoires honnêtes mais pas nettes d'Odette.* » Sous-titré « *Frédéric frétillant.* » J'ai déposé le titre à la Bibliothèque Nationale. Bref ! Il y a deux écoles : dans la première, les artistes se réunissent, picolent et griffonnent leurs divagations, et selon l'autre école, les solitaires s'enferment dans leur chambrette et attendent l'inspiration... c'est-à-dire qu'ils picolent en âmes solitaires, en poètes maudits !

Brigitte : - J'ai essayé d'écrire des chansons... Mais on me répondait toujours que c'étaient des poèmes.

Alice : - Si j'ai bien suivi, la différence entre une chanson et un poème, c'est le degré d'alcool dans le sang durant l'écriture.

Brigitte : - Tu crois qu'il m'aurait suffi de quelques verres de Malibu pour devenir auteur de chansons ?

Alice : - Il n'est peut-être pas trop tard !

Brigitte : - J'ai apporté un petit poème, je ne sais pas si j'oserai le montrer. Mon rêve c'était qu'il le chante dans son prochain album... Mais à présent que je sais qu'une chanson et un poème ça n'a rien à voir...

Odette : - Lâche-toi ma grande, qu'on te répondrait dans le métier... Lâchez prise ! Zen ma fille ! J'ai tout ce qu'il te faut à la cave ! Pour tous les prix, pour tous les stress... J'en ai même des caisses, des brouettes, des bonbonnes, des bonbons et même de l'écorce de platane, (*en souriant*) c'est terrible, c'était pas naturel, mon parachute s'est refermé.

Alice : - Boire ou ne pas boire, telle est la chanson !

Brigitte : - Non, pas des chansons à boire, de belles chansons romantiques comme Frédéric.

Diane : - Moi aussi j'ai essayé, d'en écrire des chansons, ou des poèmes, quand Momima est retournée un mois à Addis-Abeba. *Le plaisir de trahir*, ça s'appelait. J'avais même un refrain et trois couplet, comme dans une chanson classique :

T'avais l'temps de t'enfuir
Mais t'as voulu vivre le plaisir de trahir
Déstabilisée submergée
Tu t'es laissée consommer
Il t'a touchée partout
Dans tous les... sens du terme
Tu m'as traînée dans la boue
T'avais envie de son sperme

Le plaisir de trahir
D'ailleurs jouir
Y'a pas que les mecs
Y 'a pas que dans les romans de Michel Houellebecq

On sonne !

Odette, *soudain totalement dégrisée* : - J'espère que c'est elle ! Que nous retrouvions un peu d'ordre !

Elle va ouvrir.

Odette : - Oh non ! (*elle referme la porte brusquement, s'appuie contre elle, en hurlant « venez m'aider, des blousons noirs » et referme à clé en poussant un très long « oufff » puis après quelques secondes :*) Des blousons noirs, c'est pas le public de Frédérico, des fous, je les reconnais, ils ont des regards de dingues et pas d'appareil photo.
Alice, *s'effondre dans le canapé, pour elle* : - J'avais rêvé d'autre chose ! A la télé, c'est toujours tellement féerique le show-biz ! Un orchestre avec cordes, un serveur aux gants blancs, caviar, champagne... Et ça n'a rien à voir avec mes rêves.

Brigitte : - Mais où peut bien être passé Frédéric ?

Alice, *en souriant, pour elle mais entendue de toutes :* - S'il avait été garagiste, on aurait pu imaginer qu'il a été appelé pour une urgence.

Brigitte : - Vous trouvez pas qu'on n'y voit rien dans cette pièce ?

Odette, *en détachant fortement chaque syllabe :* - In-ti-mis-te !

Diane : - Ça va Odette ?

Odette : - J'imite le maîîîîîîîîître.

Brigitte : - Oh la rime ! On se croirait chez Racine !

Le portable d'Odette sonne. Toutes sursautent.

Odette : - Quand on parle du poète on entend sa... on entend sa ?

Brigitte : - Sonnette !

Odette : - Bien Bri... gette ! Il est le seul à connaître ce numéro, il m'a remis ce nouveau portable hier... Je vous raconterai...

Odette, *en décrochant :* - Frédéric ! (…) Bonjour madame (…) Ce n'est pas grave j'espère (…) Mais que fais-je ? (…) Et demain matin, avec les journalistes et le président du Conseil Régional ? (…) Bien madame.

Odette range son portable. Toutes la fixent.

Odette : - C'était sa vénérable et hystérique, historique, épouse. Frédéric ne pourra pas venir ce soir.

Un « oh » de déception générale.

Odette : - Il y a bien une version officielle. Mais bon, je vous l'épargne. Comme si quelqu'un va croire une version officielle de madame.

Alice : - Les journalistes !

Odette : - Tu as tout compris !… Tu n'aurais pas un pied dans le show-biz ?

Alice : - Même pas un ongle.

Odette : - Un oncle te serait plus utile qu'un ongle… Mais Frédéric sera là demain matin pour la photo souvenir et les télévions de caméras… les camés de tes visions… caméras de télévision.

Diane : - On pourra au moins lui parler ? Momina est fan de son romantisme gnangnan. Je voudrais bien lui ramener une dédicace du genre « Pour Momina la traître et son crapaud de Carlo, qu'elle sache enfin qu'être attendue six mois c'est du vrai romantisme alors qu'être invitée et complimentée au restaurant n'est qu'une manipulation de chien en rut. »

Odette : - Rassurez-vous, il vous accordera l'intégralité du dimanche.

Alice : - Il faut retarder notre départ ?

Brigitte : - Mais moi je ne peux pas, mon train démarre à 10 heures 25. Quel drame !

Odette : - Une bonne nouvelle : j'ai l'autorisation de remonter de la cave sacrée quelques bouteilles de floc.

Diane : - Du floc ?

Odette : - L'apéritif local. La renommée du sud-ouest. Personne ne connaît le floc ?

Brigitte : - Mais si au fait ! J'en ai bu une fois en vacances… Mais il ne faut pas exagérer, sinon on se met vite à dire et faire n'importe quoi !

Odette : - Floc et cacahouètes, ça promet les fillettes ! Parole d'Odette !

Rideau

24

Acte 2

Nombreuses bouteilles de floc vides sur la table. Les femmes assises. Lumière normale. Beuverie. Régulièrement, jusqu'à la fin de la pièce, fuseront des exclamations, des paroles inaudibles (couvertes par la voix principale).

Odette : - Quand Odette boit, Odette dit n'importe quoi ! Ça c'est leur version officielle dans le plus charmant des villages du sud-ouest, comme ils bavent à la télé quand Frédéric est l'invité d'honneur.

Alice : - Pas tant d'honneurs que ça si j'ai bien tout suivi.

Odette : - Quand Odette boit, c'est comme si des portes à l'intérieur s'ouvraient. Je ne suis plus Odette secrétaire modèle (*toutes rient*). Odette secrétaire modèle condamne Odette cancanière. Et vice versa !

Alice : - Cancanière, j'y crois pas ! Tu ne nous as même pas expliqué comment un tirage au sort pouvait sélectionner quatre jeunes femmes pimpantes et presque équilibrées quand des millions de francophones ont envoyé leur plus belle photo et leur classement des plus belles chansons du millénaire.

Odette : - C'est même pas son idée à lui ! C'était avant, du temps où il présidait une autre association, où il dirigeait « Woodstock du Sud-Ouest » ! C'est le coordinateur de cette grande usine à subventions qui lui a refilé l'idée. (*Odette se tait et devient sombre*)

Brigitte**,** *doucement* : - L'idée…

Odette : - Parce que Frédéric en avait marre : à chaque fois qu'une gamine lui ouvrait sa porte, il devait promettre de la prendre comme choriste, ou en première partie d'un concert. Je dis une gamine, parce qu'il les sélectionnait 18-25 ans, sur photo naturellement !

Alice : - Forcément !

Odette : - Jamais moins de 18 ans, c'était une règle écrite dans le platane.

Alice : - Le marbre !

Odette : - T'es pas du sud-ouest, toi ! Ici, c'est le platane ou la pierre. Mais la pierre, ça casse la lame du couteau ! 18 ans, j'ai dit ! J'étais stricte là-dessus. Y'a bien eu une exception, mais la chanteuse avait falsifié sa carte d'identité, dans ce cas-là, on assume.

Alice : - Elle voulait simplement chanter !

Odette : - Quand on fraude, on assume ! Elle assumait la brunette ! Waouh ! Si elle réussit elle pourra écrire un best seller « *ma méthode pour percer.* »

Diane : - On a compris. Pas besoin d'un livre, une phrase suffit. Momina pourrait lui donner des conseils.

Odette : - S'il le faut, j'irai la tête haute en prison ! Bref... J'étais stricte là-dessus, 18 ans. Si l'état autorise 15, pour moi, pas de problème, mais l'état a dit, donc Odette est stricte. La loi, c'est la loi. Ou alors faut être prudent, depuis qu'avoir un nom ne protège même plus des petits juges ! Je voulais pas retrouver Frédéric traité comme un vulgaire... Comme un vulgaire... En Asie, le « french singer » fait ce qu'il veut, Odette ne va jamais en Asie. Décalage horaire, pas bon. Sauf au Québec, Québec presque France, cousins, on ne va pas nous reprocher de combattre le froid par la fusion ! Mais en France, non, je ne veux pas devenir complice. En Asie, si tu veux, mais pas ici, Odette a des principes, Odette honnête, sinon Odette démissionne !... Et réclame une augmentation pour revenir !...

Brigitte, *doucement* : - Qu'il la prendrait comme choriste...

Odette : - Alors ça créait un tas d'embrouilles, parce que Frédéric, il a remplacé les choristes par des synthétiseurs.

Alice : - Forcément !

Odette : - Vous voulez savoir pourquoi ?

Alice : - Forcément !

Odette : - Personne ne devine ?

Diane : - C'est jamais en retard ? Pas comme les africaines !

Brigitte : - C'est moins lourd !

Odette : - Madame a décrété, « *ça coûte moins cher* », alors monsieur a cédé. Madame en avait marre des ragots et madame est jalouse. Mais moi ça ne me gênait pas qu'on prenne toutes et tous la même chambre ! Pour une fois qu'on faisait des économies ! Elle n'est jamais contente ! Nous étions jeunes ! Et jeunesse a beaucoup de tendresses les soirs de concerts.

Diane : - Ça j'en suis certaine, ce n'est pas écrit dans sa biographie, n'est-ce pas Alice ! D'ailleurs la vérité personne ne l'écrit, c'est comme cette histoire entre Carlo le crapaud et Momina. Africaine aussi a besoin de beaucoup tendresses quand elle passe trois mois en Ethiopie loin de son Amour.

Alice : - Forcément !

Diane : - Non pas forcément ! Quand on t'embrasse en murmurant « *tout va bien se passer* », on ne se lance pas dans la danse du vagin à l'aéroport.

Alice : - Je répondais à Odette !

Odette : - Et pour ses premières parties, en ce temps-là, il trouvait toujours des fils ou des filles à papa prêts à lui refiler de l'oseille pour obtenir l'immense honneur de figurer sur la même affiche. L'oseille c'est une image. Madame tient les cordons de la bourse. La bourse du ménage et la bourse des voyages.

Alice : - T'exagères ! Il a la main sur le cœur !

Odette : - Mais le moteur de sa vie est ailleurs.

Alice : - T'exagères ! J'ai déjà entendu une chanteuse

enthousiaste, elle jurait que faire la première partie de Frédéric, c'est extra, il donne des super conseils.

Odette : - Sûrement une qui avait ses raisons de parler ainsi ! Elle pourra écrire un livre aussi !

Diane : - Mais j'ai rien compris à ton histoire. Tu devais nous expliquer pourquoi nous sommes là !

Odette : - J'y viens, j'y viens, mais sans l'historique, tu vas rien piger ma vieille.

Diane : - Je pourrais être ta fille !

Odette : - Sois pas désagréable !

Alice : - Forcément !

Odette : - Odette comprend tout ! Tout !

Brigitte, *doucement* : - Frédéric...

Odette : - Oui, Frédérico était encore un chanteur à disques d'or en ce temps-là.

Brigitte : - Il l'est encore ! J'ai lu dans...

Odette : - Si vous m'interrompez à chaque fois, les portes vont se refermer.

Toutes : - On t'écoute !

Odette : - C'est Jef, (*elle se signe*) paix à son âme s'il en avait une, ce vieux roudoudou ! C'est lui qui lui a soufflé « *Tu devrais sélectionner des fans plutôt que des chanteuses.* » (*elle sourit*)

Diane : - Alors ? On voudrait rire aussi !

Odette : - Les fans sont encore plus connes que les chanteuses.

Brigitte : - Ça ne nous fait pas rire.

Odette : - Qu'il a répondu Frédéric.

Alice : - Le con !

Odette : - C'est notre Frédéric adoré, qui a répondu « *les fans sont encore plus connes que les chanteuses.* » Je vous rassure, il me considère moins secrétaire que fan.

Alice : - Tu ne lui as jamais mis trois claques ?

Odette : - Il les a eues... (*Odette devient sombre*) Mais rien, là vous ne saurez rien, vous ne saurez rien de ma vie privée. C'est entre lui et moi, cette histoire, c'est ma vie privée (*proche de pleurer, silence*). Sa première guitare, vous pouvez regarder le mur, vous ne la verrez pas !... Je la lui ai fracassée sur la tête. Celle-là, c'est même pas la deuxième. La deuxième, c'est sa femme qui s'en est chargée. Tête à guitares qu'on l'a appelé pendant des mois ! Il l'avait bien mérité.

Alice : - Le con !

Odette, *se reprenant* : - Mais c'était y'a si longtemps ! Ha ! J'avais quinze ans ! Ha ! J'étais si jeune et si naïve. Y'a contraception (*troublée*), conscription, prescription. Il lui reste une cicatrice sur la tête. J'ai frappé plus fort que sa femme. Il n'avait pas encore de moumoute !

Alice : - Quoi, Frédéric est chauve ! Il a une perruque !

Odette : - Les portes vont se refermer !

Brigitte : - Frédéric a dit...

Odette : - Et l'année dernière, à l'enterrement de Jef, il m'a bredouillé. Il avait la larme à l'œil... Je suis certaine qu'il avait coupé des oignons avant ! C'est bien son style !

Alice : - Forcément !

Diane : - Forcément ! On dirait Momina et son « D'accord » ! D'accord à tout, tu m'appelles princesse je te crois, alors d'accord serre-moi dans tes bras, embrasse-moi à l'italienne, tu m'appelles mon amie, d'accord, et tu deviens mon amimour. Viens t'allonger dans mon lit, c'est plus agréable pour parler ! D'accord ! Ne dis rien à Diane, elle ne pourrait pas comprendre que tu es fidèle à l'Amour en vivant notre belle histoire. D'accord ! Salauds d'humains, va ! Donner sa confiance c'est donner le couteau pour être poignardé dans le dos. Excusez-moi, je vais pas bien, je crois. Continue Odette...

Brigitte : - L'enterrement...

Odette : - Il m'a bredouillé : « *c'est con, tu vois, j'ai pas eu le temps, j'ai pas eu le temps de lui dire que son idée de sélectionner des fans plutôt que de la chair à sacem, son idée, à lui, à lui qui ne sera plus là pour me couvrir devant ma femme, son idée géniale, j'en ai touché trois mots au président du Conseil Régional, et le vieux schtroumpf nous subventionne, forcément ! Tu te rends compte, il saura jamais que son idée, le monde entier va la connaître...* »

Alice : - Mais c'était pas le règlement, sélectionner des femmes ! Les hommes pouvaient participer.

Diane : - Y'a même eu un tirage au sort devant les caméras.

Odette : - Si vous croyez les règlements et les films, vous êtes mal parties les filles.

Diane : - Magouilles ici comme partout.

Alice : - Forcément ! Si je vous racontais comment ça se passe dans mon groupe !

Odette : - C'est moi qui tenais le caméscope ! Et sa fille a réalisé le montage, les coupures et tout, elle suit des études de cinéma, sa fille aînée, dans l'école la plus chère du pays forcément ! Et la télévision a été bien contente de pouvoir passer un reportage sans devoir se déplacer ! Et même gratuitement ! Enfin, quel beau voyage ils m'offrent en Martinique le mois prochain !

Brigitte : - Tu m'emmènes ?

Odette : - J'ai trois places... Tu me donnes combien ?

Brigitte : - Tu as des places gratuites et tu les revends !

Odette : - Forcément ! N'est-ce pas Alice, tout le monde se débrouille, forcément !

Alice : - Y'a eu de la magouille alors !?

Odette : - Une stagiaire s'est coltinée le premier tri : les hommes d'un côté, les femmes de l'autre. Après il a fallu que je regarde toutes les photos pour ne retenir finalement que des « *magnifiques femmes dont le prénom commence par les quatre premières lettres de l'alphabet.* »

Alice : - A comme Alice !

Brigitte : - B comme Brigitte !

Diane : - Et pourquoi ?

Odette : - À cause de sa mémoire ! Alice j'y glisse, Brigitte me prend la... *(pouffe de rire)*

Diane : - C'était une rime pauvre ? *(toutes rient sauf Brigitte vexée)*

Alice : - Alors c'est vrai, quand il chante, il utilise un prompteur ?

Odette : - Comment tu sais ça, toi ?

Alice : - Tu me l'as glissé tout à l'heure... Juste après avoir glissé ! On glisse beaucoup !

Odette : - Pas possible ! Quand Odette est saoule, elle se souvient de tout, à la virgule près. Et elle s'en souvient même après, alors elle s'enferme pendant quinze jours pour ne pas voir les catastrophes.

Alice : - Quand tu étais à jeun, quand je suis arrivée.

Odette : - Je ne suis pas responsable des propos d'Odette à jeun. Même pas coupable.

Diane : - Alors nous avons été choisies pour notre prénom et notre physique !

Odette : - Tu as tout compris ma belle !

Alice : - C'est plutôt un beau compliment, finalement.

Diane : - Dire que ma mère a hésité entre Diane et Rosalie !

Brigitte : - Oh ! Si mon mari savait ça ! Lui qui a envoyé une photo retouchée par Photoshop et noté uniquement des chansons de Frédéric dans son classement des plus belles chansons du millénaire ! J'avais même corrigé ses fautes !

Alice : - Attends, attends, je commence à comprendre...

Brigitte : - Tu comprends quoi ?

Alice : - Nous étions convoquées à vingt minutes d'intervalle !

Odette : - Cinq minutes de présentation et le reste, déshabillage et rhabillage compris, le reste tient en un quart d'heure. Chrono en main, on a répété !

Toutes : - Oh !

Odette : - Après, ouste dans la salle de répétitions, au piano si tu veux, la pièce est insonorisée, place à la suivante ! Comme au service militaire !

Alice : - Le vieux roudoudou !

Brigitte : - Je suis choquée ! Comment a-t-il pu croire ! J'ai beau être fan, je sais rester digne ! Il me déçoit.

Diane : - Pas de chance pour lui je préfère les filles ! Mais bon pour faire payer à Momina de s'être tapé Carlo, pourquoi pas après tout ! 20 minutes aussi je croyais quand elle m'a avoué « *on s'est laissés submerger un soir.* » Mais c'était la version une, aujourd'hui on en est à quatre nuits passées entièrement nue dans son pieu et « *je lui ai bien rendu sa tendresse, ses caresses.* »

Alice : - Pauvre Diane ! Un mec aussi m'a fait ça… La dignité doit être rare, tout finit peut-être en mensonges et trahisons…

Brigitte : - Démoralisez-moi pas ! Jamais je n'ai trompé mon mari et je n'en ressens aucun héroïsme, je l'Aime comme il m'Aime.

Odette : - Alice j'y glisse ! *(se retient de pouffer)* Je vous rassure, il avait prévu sa boîte de Viagra !

Toutes : - Oh !

Diane : - Heureusement qu'il y a du floc pour oublier ! Et elle voudrait que j'arrête l'alcool !

Alice : - Ça te fait aussi mal que si un mec t'avait trompée.

Diane : - Une Diane peut être cocue aussi ! Elle m'avait pourtant affirmé « *t'inquiète pas, tout va bien se passer* », quand elle est partie en septembre. En plus elle est revenue en décembre avec la carte de ce type dans sa poche, tu te rends compte elle m'embrassait avec la carte de ce type dans sa poche, elle lui avait donné son téléphone d'Addis et son mail, comme une petite salope impatiente d'être invitée au restaurant, une cocotte qui veut juste que le type fasse semblant de croire quelques minutes en sa vertu et la fasse tomber dans les règles établies de la drague entre personnes soucieuses de s'afficher dignes et honnêtes.

Odette : - Une cocotte-minute !

Diane : - Je lui avais même parlé de se pacser malgré sa famille qui ne veut pas entendre parler de moi. Heureusement les frais généraux sont généreux (*elle boit*).

Alice : - Mais ça dégénère.

Diane, *en riant* : - Pourtant la nuit même les cellules grises se régénèrent ! Dire qu'en plus j'ai failli être en retard à cause d'une crevaison.

Odette : - Et ça t'aurait mise en retard !

Diane : - J'ai appelé les renseignements mais les garagistes du coin étaient tous sur répondeur. Les premiers types qui se sont arrêtés me proposaient d'appeler une remorqueuse et de m'héberger la nuit.

Odette : - Quand on veut conduire une voiture, il faut suivre la formation « changement de roues. » Frédéric me paye toujours le taxi, sur ça, y'a rien à lui reprocher.

Diane : - Et c'est un camionneur qui me l'a changée, sans même la moindre avance. J'avais des préjugés défavorables sur les camionneurs, j'avais tort. Je lui ai promis de lui envoyer une photo dédicacée de Frédéric…

Brigitte: - C'est pas clair non plus ton histoire de roue, ça n'arrive plus, crever une roue, c'était au Moyen Âge !

Alice : - Y'avait pas de voitures, au Moyen Âge, ma vieille.

Diane : - Je suis une victime des manifestations estudiantines. Décidément le monde m'en veut ! Hier ils ont balancé des bouteilles sur les CRS.

Alice : - Alors il faut qu'on trinque !

Brigitte : - Vides, j'espère. Ils ne seraient quand même pas fous... Enfin, ils sont tellement riches les manifestants d'aujourd'hui, qu'un jour ils balanceront des bouteilles de Dom Pérignon. Juste pour narguer les journalistes stagiaires ! Et montrer qu'en France, non seulement on a les moyens de manifester, mais en plus une certaine élégance.

Alice : - C'est bizarre, j'avais eu la même idée quand les chanteurs ont manifesté contre le téléchargement gratuit de la musique sur internet.

Brigitte : - Je me souviens. Mais j'ai oublié son nom, à ce chanteur qui tendait son joint aux CRS. Il paraît que cette photo, ça lui a rapporté un max de blé, ça a fait redécoller ses ventes, encore plus que Gainsbourg quand il avait brûlé un gros billet à la télé.

Diane : - C'est qui Gazbourg ?

Odette : - Frédéric aussi a réussi un super bon plan média : avec Jef, nous avions organisé une super manif. Forcément spontanée ! On avait déplacé une de nos célèbres rencontres interprofessionnelles de la chanson française de qualité. Ils nous en avaient voulu les parigots, quand le 20 heures avait ouvert par un duplex avec le merveilleux petit village du sud-ouest « *où il y a ce soir plus de manifestants que d'habitants habituellement.* »

Diane : - Mais pourquoi ont-elles cessé, ces rencontres ? Je me souviens, j'avais vu un reportage à la télé.

Alice : - C'est écrit dans sa dernière biographie : « *le monde de la chanson regrette que ce haut lieu de la*

formation, de la création ait dû fermer, à cause de
campagnes de presse scandaleuses, inacceptables. »
Odette : - On nous a reproché nos subventions ! Trop
d'argent dilapidé ! Ha ! qu'est-ce qu'on se prenait comme
bon temps avec Jef, on s'en est payé de super vacances,
vive les subventions !
Alice : - Magouilles !
Odette : - Retire ce mot, sinon je range le floc ! Le monde
de la chanson a ses traditions. Et la Cour des Comptes
ferait mieux...
Alice : - Je n'ai rien dit !

Diane: - Je meurs de soif ! (*elle se ressert et ressert ses*
compagnes)
Odette : - Pauvre Frédéric ! Vous pourriez quand même
respecter sa mémoire, arrêter de picoler cinq minutes !
Diane : - Il n'est pas mort, ton champion, juste cloîtré !
Odette : - Cloîtré, tu as trouvé le mot juste, ma belle. Elle
est tellement jalouse sa femme ! Et elle a tout deviné.
Brigitte : - La pauvre !
Diane : - Jalouse, je l'étais même pas. J'avais une totale
confiance. Mais loin des yeux loin du cœur. Pour moi
aussi, comme pour les autres. Loin des yeux près de son
pieu.
Odette : - Y'avait pas besoin d'être une lumière pour
comprendre. Elle est passée la semaine dernière, elle a
feuilleté le dossier. Je l'avais pourtant caché. Et elle n'a
pas pu se retenir de remarquer « *bizarre, quand même,*
quatre femmes, et des plus fraîches et mignonnes. »
Brigitte : - Elle n'a pas regardé le reportage télé ?
Odette : - Pauvre Frédéric ! Il s'est sacrifié pour qu'elle
ne le voit pas : devoir conjugal ! Il l'a honorée durant une
heure comme une femme désirable.

Alice : - Elle a pourtant les moyens de se payer un peu de chirurgie esthétique !

Odette : - Au village, on la surnomme « la Jacksonnette », tellement elle est siliconée.

Alice : - C'est pourtant pas écrit dans les biographies.

Brigitte: - Mais tu crois vraiment aux biographies !

Alice : - Tu ferais mieux de raconter ta vie !

Odette : - Pauvre Frédéric ! Il doit fixer sa vallée illuminée de lampes solaires. Tout ça parce que sa Jacinthe a réussi à le persuader que briser son image de dernier romantique serait catastrophique. L'homme qui n'a aimé qu'une femme ! Et il chante les fleurs ! Jure sur le cœur qu'elle lui inspire toutes ses chansons. Comme c'est triste, une idole non maquillée !

Brigitte : - Comme elle est belle la première guitare du maître !

Diane : - T'es sourde ou tu tiens pas l'alcool ?! C'est pas sa première guitare. Sa première, Odette lui a fracassée sur la tête. Et elle a bien eu raison. S'il était là devant moi, il s'en prendrait une troisième.

Odette : - Diane, je t'interdis de colporter de tels ragots, c'est sa première guitare, point à la ligne.

Diane : - Si j'en avais la force ! J'ai même pas réussi à lui mettre trois gifles à cette Momina qui n'a même pas pleuré en avouant ses indignités !

Rideau

Acte 3

Suite beuverie. On sonne.

Odette : - Mon Dieu ! Qui cela peut-il bien être !

Diane : - Il en manque une, c'est donc elle !

Odette *compte* : - 1, 2, 3, 4 (*elle se compte en quatrième*). Quatre, sa fille en a bien tirées quatre... au sort ! On est complet !

Diane *compte* : - 1, 2 (*elle ne se compte pas*). Deux, y'en a pas quatre de chair à Frédérico. T'as pas gagné !

Alice *à Odette*: - Quatre moins un ?

Odette : - Trois, à quoi tu joues ?

Alice : - Tu n'as pas gagné, tu es l'hôtesse ! Avec un O comme O...

Diane : - Tocard !

Odette : - Tocard ?

Diane : - Autocar, l'autocar est arrivé sans se presser. Un autocar à roulettes. Et s'il n'en reste qu'une ce sera la dernière, et la nénette va décoller les étiquettes.

Odette : - Si j'ai tort, Diane a raison, forcément !

Alice : - Mais non, pas forcément ! bande de givrées !

Odette : - Qui va là ?

On sonne de nouveau.

Odette, *se lève, se précipite, ouvre difficilement (la porte est fermée à clé)* : - Oh ! (*elle se tient à la porte*) Monsieur le commissaire ! (*elle sort et referme la porte*)

Diane : - Il est arrivé quelque chose à Frédéric !

Alice : - Tu crois qu'ils l'ont retrouvé noyé dans le lac ?

Brigitte : - Si c'est ça on va passer à la télé !

Alice : - T'aurais pas honte de profiter de sa mort pour réciter ton poème au journal de TF1.

Brigitte : - J'y avais pas pensé ! Mais si les journalistes m'interrogent, je leur annonce une exclusivité mondiale.

Alice : - Du genre il m'a téléphoné hier pour me demander l'autorisation de mettre ce texte dans son prochain album !

Brigitte : - J'y avais pas pensé ! Tu travaillerais pas dans la pub ?

Diane : - C'est ce connard de Carlo qui travaille dans le marketing pour l'Union Européenne à Addis-Abeba, et il ne pouvait pas se contenter de Sophie, ouais Sophie, l'instit, il a fallu qu'il se tape une princesse black ; une blanche les jours pairs et une noire les jours impairs.

Brigitte : - Tu penses à tes histoires de... de... alors que Frédérico est peut-être raide !

Alice : - Enfin raide, les femmes diront devant son cercueil !...

Brigitte : - Oh !

Alice : - Bin oui, enfin raide naturellement, diront celles qui savent qu'il prenait du viagra !

Diane : - C'est ce connard de Carlo qui prend du viagra.

Odette rentre.

Toutes : - Alors ?

Odette : - Rien ! Juste un gendarme ! Notre Carla, pas la sœur de Carlo le crapaud (*en souriant à Diane*) ni la femme de l'autre mais celle qui aurait dû être des nôtres, elle a eu un accident de voiture, juste un bras cassé mais fini pour elle la rencontre inoubliable !

Alice : - Inoubliable... À part le floc... c'est plutôt un flop !

Brigitte : - Floc, flop ! Tu as une âme de poète !

Odette : - L'escroc, pour le service il m'a demandé une petite gâterie. Je n'ai pas pu lui refuser, c'est presque mon vagin, oups mon voisin ! Il a vingt-deux ans ! Et sa femme est une amie. C'est une mode venue d'Angleterre, il paraît, les femmes mûres dévoreuses de jeunes hommes.

Diane : - Il en a eu aussi des gâteries, son baratineur d'aéroport, alors qu'elle m'écrivait encore « *tu me manques.* » Pourtant il avait presque trois fois vingt-deux ans !

Brigitte : - Ah ! donc tout va bien, ça m'a donné une de ces peurs ! Faut que je me vide ! (*elle se lève et sort vers la porte à l'opposée de celle d'entrée*)

Diane : - En tout cas, les vieux croûtons dévoreurs de chair fraîche, ça doit être universel, pas seulement pour les fonctionnaires européens italiens en poste en Ethiopie.

Alice : - Tu as fait vite !

Odette : - Je connais quelques trucs ! Il est jeune, il n'a pas résisté !

Alice : - Même durant ma procédure de divorce, j'aurais jamais osé être aussi directe !

Odette : - On ne peut pas lui donner tort, ni lui en vouloir. Il fut d'une tendresse touchante, pas une parole ni un geste obscène. Il sait que dans le show-biz on a la tendresse facile.

Diane : - Comme sous le soleil d'Addis ! On va au restau et on prend le dessert jusqu'à sept heures du mat, vas-y pépère, profites-en, reprends de la figue, je suis à toi. Diane, Diane, tu me manques on écrit dans les mails mais on s'emmêle sans état d'âme.

Alice : - Alors c'est vrai, c'est un milieu guère fréquentable, le show-biz ?

Odette : - On y vieillit vite : regarde, moi, j'avais 17 ans, et je les ai plus.

Alice : - Je te rassure, ça arrive aussi chez les comptables !

Odette : - Peut-être, mais elles ne s'en aperçoivent pas !

Alice, *à Diane* : - Faut pas essayer de comprendre, Odette est gasconne.

Diane : - Franchement, ça fait au moins trois jours que j'ai arrêté d'essayer de comprendre ce qui se passe ici ! Mais j'ai bien compris qu'en Ethiopie, elle espérait vivre « *Belle du Seigneur* », qu'un vieil homme distingué lui offrirait une vie de princesse.

Alice : - Tu étais où y'a trois jours ?

Odette : - Moi, parfois, j'ai bien l'impression qu'une journée tient en trois secondes. Le contraire peut donc arriver aussi.

Diane : - À une époque on mettait le temps en bouteilles et parfois il en sortait un ogre, parfois il en sortait...

On sonne. Un bond général.

Alice : - Les blousons noirs reviennent ! Où j'ai mis ma bombe lacrymogène ? (*elle fouille dans ses poches*)

Odette : - Silence les filles, quand le chasseur arrive, les biches se cachent.

Diane, *plus bas* : - Tu es allée voir Bambi au cinéma ?

Alice : - Et on fait quoi ?

Odette : - Rassurez-vous, j'ai refermé à clé.

Nouvelle sonnerie.

Voix féminine du dehors (*uniquement les derniers mots compréhensibles*) : - ...Ouvrez-moi !

Odette : - Sa femme ! C'est la fin du monde ! (*elle se signe, vide le fond de son verre*)

Diane : - Entre femmes, on saura se comprendre.

Alice : - Après tout, nous n'y sommes pour rien. Leurs histoires de couple ne regardent que les journaux.

Odette, *se lamente* : - Virée, virée sans indemnités ! Je l'avais bien pressenti, et sur qui ça va retomber, sur Bambi, sur bibi (*se frappe la tête*)... Même si elle vient avec un huissier pour m'accuser d'avoir outrepassé les termes de mon contrat, elle me paiera mes indemnités, sinon j'en ai à raconter ! Elle ne m'a jamais aimée, la garce ! J'y peux rien si son mec a un faible pour mes fesses !

La voix du dehors : - (*quelques mots incompréhensibles, puis*) C'est Brigitte.
Odette : - Brigitte, Brigitte ? Je ne connais pas de Brigitte.
Diane : - Elle veut nous embrouiller, c'est une ruse de Bambi, de pêcheur, de chasseur.
Alice : - Y'a des femmes chez les blousons noirs ... Deux B 2 ?
Diane : - Touché ? Coulé ? Mais où est le plan de la bataille navale ? Si je pouvais le torpiller cet italien ! Les avions, ce sont des F16, je le sais, mon cousin...
Alice : - A 1 Alice, B 2 Brigitte !
Odette, *euphorique* : - Ah Brigitte ! Elle est sortie d'un côté, elle rentre de l'autre ! Je vous le disais bien que c'était pas sa fêlée, sa femme !

Brigitte : - ... Ouvrez, je me suis égarée...
Odette : - Je sais, je sais ! Mais j'ai quand même le temps de me lever ! Je suis en heures sups ! Je vais lui demander une prime de risques au Frédéric.

Odette se lève, titube jusqu'à la porte et ouvre finalement.
Brigitte rentre.

Brigitte : - Je suis désolée de vous avoir alarmées. J'ai dû ouvrir la porte qu'il ne fallait pas en sortant des toilettes. Je suis confuse.
Alice : - Pourtant tu dois commencer à connaître le chemin !

Odette : - Il va me les payer mes heures sups !

Diane : - En floc !

Odette : - Je suis pas du genre à tout déballer dans les journaux ni à demander d'être choriste ! Mais l'argent du travail, c'est sacré. Toute peine mérite salaire. Combien de fois je me suis levée ce soir !

Alice : - Et n'oublie pas de facturer les descentes à la cave !

Odette : - Parfaitement ! Et comme la chaudière est lancée, la nuit sera chaude ! (*plus discrètement à Diane dont elle s'est approchée :*) ça fait bien longtemps que je n'ai pas eu envie de faire un câlin avec une femme, mais faut que je te l'avoue, depuis que tu es arrivée je suis déstabilisée, y'a un truc en toi qui m'appelle et me fait vibrer. Je ne suis pas du genre à m'échauffer rapidement mais là, tu vois, je ne vais même pas te faire la grande scène de l'amitié… je te désire…

Diane : - Si tu insistes aussi gentiment…

Odette lui caresse les cheveux, le dos…
Alice et Brigitte les observent et elles s'éloignent d'une chaise pour continuer leur conversation.

Odette : - Si nous étions seules… j'oserais même passer une main en dessous…

Diane : - Si en plus tu m'offres un séjour à la Martinique…

Odette : - Tu passes vite de l'envie d'un peu de tendresse à l'envie d'une vraie liaison… Je dis pas non, les mecs sont tellement décevants.

Diane : - Et pourtant cette conne de Momina s'est laissée entuber.

Odette : - Pense plus à elle ma belle, profite du temps présent en toute sincérité, en toute passion.

Diane : - Je me rappelle très bien, très très bien, de choses très bonnes, plus que bonnes... et je sais qu'elle m'Aime de nouveau...

Odette : - Tu vas en connaître d'autres.

Diane : - Son petit trésor excisé... et elle l'a laissé souiller, elle le regrette à peine en plus, elle sait juste marmonner « *désolée, je croyais qu'on allait se quitter, je croyais que tu ne m'aimais plus vraiment, je croyais ne plus t'aimer à ce point, je croyais qu'on allait se séparer... désolée, il m'a déstabilisée, ça ne m'était jamais arrivé, j'ai été submergée, j'avais des douleurs atroces au ventre mais j'y allais... désolée...* »

Odette : - Ma princesse. (*elle la caresse de plus en plus*)

Alice : - Je crois qu'on va terminer la soirée à deux devant des bouteilles vides.

Brigitte : - C'est dommage de se scinder comme ça. On formait un bon groupe.

Alice : - La vertu n'est pas une notion universelle.

Brigitte : - Je me demande souvent quel plaisir les gens trouvent dans la trahison ?

Alice : - Si on se met à philosopher, on va finir par pleurer.

Diane : - Elle avait des choses désagréables à m'apprendre qu'elle écrivait dans ses mails.

Odette : - C'est du passé ma princesse, sois dans l'instant présent, vis ce moment privilégié avec passion.

Diane : - Il l'appelait princesse et elle a passé quatre nuits nue dans son pieu à cet étalon italien. Et à sept heures du matin, avant d'aller occuper son poste d'inutile privilégié buvant le sang de l'Afrique, il descendait sa simili escort girl chez elle, et la cocotte s'empressait de m'écrire un mail anodin. Elle a même envisagé de faire sa vie avec, durant quelques jours. Mais pour lui, elle n'était qu'une aventure de passage, une couleur locale à consommer, et elle aurait voulu qu'il reste son ami de cœur, et en plus me l'imposer. Ami de cœur, elle a osé m'écrire depuis !

Odette : - C'est fini tout cela, on s'est rencontrées et le monde s'est éclairci.

Brigitte : - Et si on chantait.

Alice : - Allez, sors ton merveilleux poème destiné au prochain album de Frédérico rococo.

Brigitte : - Tu crois que je peux oser ?

Alice : - On aura au moins fini la soirée dignement.

Brigitte : - Oui, tu as raison, la dignité est de notre côté (*elle sort une feuille, la pose devant Alice*) tiens, je la connais par cœur.

Elles entonnent, le plus mal possible, « Qu'une fois »...

On parle de l'Amour
Qui ne serait plus
Qu'une vulgaire chasse à courre
Un jeu pratiqué nu
On joue à l'amour

On dit grand amour
Quand on a trop bu
Ou qu'on reste plus d'huit jours
En étant convaincu
Que c'est pour toujours (*Odette se lève, tend la main droite à Diane qui la prend, se lève aussi, elles sortent main dans la main durant le refrain*)

Mais les rues sont pleines
De gens qui comme moi
N'ont dit qu'une fois
« Tu sais, je t'aime »

Rideau – FIN

Stéphane Ternoise

Cinq femmes attendent la star

Comédie contemporaine en trois actes

Distribution : cinq femmes

Cinq femmes attendent la star

Le sujet : trois femmes lauréates d'un concours leur offrant vingt-quatre heures avec leur idole, le chanteur Frédéric K, dans son village du sud-ouest. Secrétaire de l'association organisatrice, Odette, un peu gaffeuse même à jeun, les accueille. Arrivées programmées à la file indienne. Mais l'idole est en retard... et finalement ne viendra pas. Les quatre femmes passeront donc la soirée ensemble, dressant un portrait peu flatteur de l'idole, du show biz et de leur vie. Une pièce pour rire et réfléchir.

Le décor : une belle salle de réception mais d'un style kitch avec une table longue ornée de nombreuses fleurs, un bureau, des chaises, un canapé garni de coussins multicolores ornés des initiales « FK », trois portes (celle d'entrée, une vers une autre salle, une vers les toilettes), des fenêtres, une guitare sèche suspendue au mur (au-dessus du canapé).

Les personnages :

Odette : hôtesse d'accueil, la quarantaine.

Les lauréates, par ordre d'arrivée programmé :
Alice, Brigitte, Carla (ne viendra pas), Diane : la trentaine, distinguées, resplendissantes, vêtues avec goût, se présentent avec un petit bagage.

Une fan : la quarantaine, apparence très à l'opposée des lauréates.

Frédéric K est un chanteur moustachu et vieillissant, la soixantaine, ne viendra pas.

Acte 1

Odette seule dans la salle de réception. Elle marche de long en large, tout en regardant sa montre, inquiète.

Odette, *en arpentant la scène* : - Je ne marche pas par nécessité. Mais ça me calme ! Calme-toi Odette, puisque tu marches ! Tu agis parfaitement pour recouvrer ton légendaire calme. Respire ! (*elle respire profondément*) Oui, avec le ventre, c'est bien... Zen... (*elle continue en silence à marcher, inspirer et expirer profondément*) La première va arriver... Elle va sonner, j'en suis certaine... Tout va encore foirer et ça va retomber sur qui ? Sur ma tronche comme d'habitude... Je ne me suis quand même pas trompée de jour ? (*elle prend une chemise sur le bureau, l'ouvre...*) Ce serait une belle histoire à raconter ! (*elle sourit*) Odette panique mais elle s'était emmêlée les puceaux (*se frappe la tête*) (*précision de l'auteur : ce lapsus peut être retiré lors de certaines représentations, comme d'autres lapsus, si jugés incompatibles avec le public*), les pinceaux, les dates quoi !... Non, c'est bien aujourd'hui... L'arnaqueur de fleuriste a livré ce matin, donc c'est le jour J !... J comme Jouissons ! Et la première va arriver. (*silence*) Mais qu'est-ce qu'il veut se prouver ! Il a tout : l'argent, la gloire, sept résidences secondaires, trois hôtels, deux Porsche, une Ferrari, un jet forcément privé, un aéroport forcément privé, un 4x4, des vignes, des terres en Afrique, des panneaux solaires, des amantes, des autruches, des bisons, des enfants. Comme elles sont belles ses filles ! Pauvres petites filles riches, va ! Comme ça doit être invivable, fille de star !... Génial et invivable !... Pratique, génial, inespéré. Mais invivable après quatorze ans !... Le fou ! Tout ça à cause de quelques rides ! Qu'est-ce qu'il croyait ! Un jour même la chirurgie esthétique ne peut plus rien ! Et de l'autre, qui s'amuse, avec ses parodies. Quel impertinent ! Mais comme c'est drôle ! (*elle éclate de rire*) Après tout, je m'en fous si tout foire. Pierre qui roule n'amasse pas mousse ! (*elle lance la chemise sur le bureau ; peu importe si elle n'atteint pas sa cible*) Odette philosophe, parfaitement. (*elle se vautre dans le canapé*) Si j'étais star, sûrement que moi aussi j'aurais des caprices de star. (*de sa main droite elle mime un éventail*) Mais pas quatre !

On Sonne.

Odette : - Oh peuchère ! Enfin ! Il a fini de se maquiller ! Oh ! Les lumières !…

Elle se lève, se précipite sur les interrupteurs – après quelques essais transforme la pièce, qui devient très intimiste – et fonce vers la porte, s'arrête, souffle, ouvre, s'apprête à sauter au cou de son idole… (salariée de « l'association », elle reste très fan) C'est Alice… Odette s'arrête net.

Alice, *surprise* : - Je suis la première ? Suis-je un peu trop en avance ?

Odette, *se reprenant* : - Entrez, entrez, Alice.

Alice : - Comme vous connaissez mon prénom, je suis à la bonne porte ! (*elle observe le décor, qu'elle doit juger très intimiste*).

Odette : - Entrez, entrez, Alice. Frédérico devrait être là, il a… un léger retard.

Alice : - Ah, je comprends, c'est lui que vous vous apprêtiez à accueillir d'une manière aussi fougueuse ! Forcément !

Odette : - Mais non, mais non… J'ai glissé.

Alice, *en souriant* : - Et je suis la première ?

Odette : - Naturellement... ce qui signifie : vous pouvez le constater.

Odette referme la porte.

Alice : - Oh ! La première guitare !

Odette : - C'est même pas vrai !... (*se reprenant*) Oui, la première guitare de Frédérico (*comme si elle récitait*) sur laquelle, seul dans son jardin, à l'ombre des figuiers, il a composé ses premiers succès.

Alice : - Oh ! Comme c'est touchant de la voir en vrai.

Odette : - Je vais le rappeler... (*elle sort son portable d'une poche et appelle ; à Alice* :) C'est toujours son répondeur. C'est le répondeur depuis une heure. Je l'ai bien déjà appelé dix-sept fois (*elle range son portable*).

Alice : - J'espère qu'il ne lui est rien arrivé de grave ! Ce serait trop bête ! J'ai tellement rêvé de cet instant ! Rencontrer Frédéric ! Pouvoir lui parler comme je vous parle...

Odette : - Parler, parler, ce n'est pas son fort, au Frédéric !

Alice : - Pourtant, à la télé, il a toujours l'air tellement à l'aise, et si calme, si souriant...

Odette : - Avec un prompteur, tout le monde serait comme lui ! (*face au regard interloqué d'Alice, Odette réalise qu'elle s'exprime devant une lauréate*) Je plaisante ! Nous sommes dans le sud-ouest ici, nous avons la galéjade facile.

Alice : - Je croyais que la galéjade se pratiquait uniquement du côté de Marseille.

Odette : - Naturellement... ce qui signifie : ici gasconnades.

Alice : - Gasconnade, Gascogne, Gascon, c'est donc vrai : le caractère des Gascons était très haut en couleur ? C'était bien au temps de la langue d'Oc ? Après l'empire romain ?

Odette : - Je suis là pour vous accueillir, l'office de tourisme c'est à côté... Je vous le susurre sans m'énerver : la Garonne nous irrigue, donc nous avons la plaisanterie naturelle. Comme vous débarquez de Paris, vous ne comprendrez pas toujours !

Alice : - Je suis de Châteauroux.

Odette : - Je le sais parfaitement, 27 ter rue Romanette Boutou. Mais pour nous, au-dessus de Brive la Gaillarde, on grelotte, c'est le pôle Nord.

Alice : - C'est une gasconnade ?

Odette : - Vous comprenez vite... J'allais ajouter pour une parisienne ! Je vous bouscule un peu, c'est juste pour noyer mon anxiété ! Je noie mon anxiété dans la Garonne ! Je vous l'avoue sans chinois, sans chichis même : je ne comprends pas pourquoi Frédéric n'est pas à ma place et moi derrière la caméra.

Alice : - La caméra ?

Odette : - Euh... Oui pour vous offrir la cassette de votre rencontre.

Alice : - Ah ! Forcément ! Quelle délicatesse !... Comme c'est touchant. Et vous travaillez depuis longtemps avec Frédéric ?... Je me permets cette familiarité du prénom... sur son courrier si poétique, il notait : « *Appelez-moi Frédéric quand nous aurons la chance d'enfin croiser nos regards.* »

Odette : - C'est plus intime. Frédéric avec un F comme Féerique ! Forcément Frédéric ! Forcément fornique ! Toujours mieux que son prénom de naissance ! Les parents sont parfois fous !

Alice : - Comment ? Frédéric est un pseudonyme ?

Odette : - Qui vous a induite dans cette erreur ?

Alice : - Vous !... Pourtant j'ai lu toutes ses biographies et pas une ne signale un pseudonyme.

Odette : - Il faudra vous y habituer ! Ici on cause avec des images.

Alice : - La terre du grand poète, forcément.

Odette : - Comme recopient les journalistes !

Alice : - Comme je suis heureuse d'être ici ! Devant la porte, je me demandais si l'idole de ma vie allait m'ouvrir. Comme j'aurais été intimidée !

Odette : - Il doit encore traîner des moustaches dans le bureau. Tu veux que je les mette ?

Alice : - C'est une gasconnade ?

Odette : - On est dans le show-biz ici, après cinq minutes on se tutoie, après sept on s'embrasse sur la bouche.

Alice se recule.

Odette : - C'est une des célèbres répliques de notre poète bancal ! Local ! Les aphorismes du moustachu ! Il devrait être là, nous voguons à vue, nous sommes en totale improvisation. Je sens venir le paranormal ! Et je n'aime pas ça ! (*elle ressort de sa poche son portable et le rappelle*). Toujours la boîte vocale. « Frédéric, la première lauréate est impatiente de te voir en chair en muscles et en os. Et plus si affinités » (*elle pose son portable sur la table*).

Alice : - Encore une gasconnade !

Odette : - Déformation professionnelle !

On sonne.

Alice : - Oh !

Odette : - Ne rêvez pas, je n'ai pas refermé à clé ! Quand il est en retard, avant de sonner, Frédéric tourne toujours la poignée pour entrer discrètement, avec son petit air d'enfant de chœur pris en faute avec le verre de vin blanc de monsieur le curé aux lèvres et les joues qui rougissent !

51

Alice : - Ah !

Odette : - Ma mère l'a vu enfant de chœur, c'était en… (*se reprenant*) Je vous parie que c'est Brigitte, 42 rue Pasteur, une de vos co-lauréates.

Alice : - Vous êtes voyante ?

Odette : - Les gasconnades de Châteauroux, c'est comme les gaillardises de Brive, ou pire : comme un Frédéric sans moustache.

Odette va à la porte, ouvre.

Odette : - Bonjour Brigitte.

Brigitte : - Je suis en avance… Je serais venue à pied pour voir Frédéric…

Odette : - Y'a pas de quoi !… Euh, je vous comprends.

Odette referme.

Alice : - J'en suis certaine : vous n'habitez pas Valenciennes !

Brigitte : - Je pensais être la première en arrivant en avance…

Odette : - Je m'occupe des présentations, Alice, première arrivée.

Brigitte : - Enchantée.

Alice : - En chansons… Je m'entraîne… Nous sommes au pays des gasconnades !

Odette : - Et la gasconnadière en chef, Odette, chargée par le maître d'improviser quand la pendule ne tourne pas rond.

Brigitte : - Et c'est le cas ?

Odette : - La centrale nucléaire détraque nos pendules.

Alice, *à Brigitte* : - C'est un message codé ; Odette, pourriez-vous traduire ? Nous n'avons pas grandi dans l'ombre du maître.

Odette : - Je répète une dernière fois : Frédéric devrait être là…

Alice : - Et il est ailleurs !

Brigitte : - Et personne ne connaît cet ailleurs ?

Odette : - Qui sait avec lui !

Brigitte : - Oh ! La première guitare ! (*elle s'approche du canapé*)

On sonne !

Odette : - Je n'ai pas refermé à clé !

Alice : - Si ce n'est lui, c'est donc une autre.

Brigitte : - Et pourquoi donc, ne serait-ce pas lui ?

Odette : - Transmettez le savoir Alice, je suis postière, portière !

Alice : - Parce que Frédéric appuie toujours sur la poignée avant de sonner depuis qu'il a été surpris par Odette à boire le vin rouge de monsieur le curé, et Odette enferme les bouteilles à clé…

Odette : - Mais tu mélanges tout !

Alice : - Je crois que cette histoire me perturbe de plus en plus !

Brigitte : - Je n'ai rien compris. Vous êtes surréaliste tendance André Breton ?

Alice : - Je suis réaliste tendance *Psychologies Magazine*. Avec même un peu de Prozac quand ça chauffe trop.

Odette ouvre : une femme, très nerveuse, avec un appareil photo en main, entre rapidement.

La fan, *très nerveuse* : - Bonjour, bonjour, je suis venue pour les rencontres.

Odette : - Vous n'avez pas été convoquée, mademoiselle.

La fan : - C'est bien aujourd'hui, c'est bien ici les lauréats du concours. J'ai participé.

Odette : - Mais vous n'avez pas eu la chance de gagner !

La fan : - On m'a dit qu'il fallait venir aujourd'hui.

Odette : - Qui est donc ce cher et brave « on » ?

La fan : - C'est écrit dans le journal que c'est aujourd'hui.

Odette : - Mais personne ne vous a demandé de venir.

La fan : - Oh la première guitare ! Oh comme elle est belle !

Odette : - Ce n'est pas pour vous qu'elle est là, chère madame. Ma patience a des limites.

Les lauréates observent la scène en souriant.
Odette va chercher son portable sur la table. La fan
en profite pour avancer timidement en jetant des
regards admiratifs.

La fan : - Je suis une vraie fan.

Odette, *en se retournant* : - Je vous prie de quitter immédiatement cette salle privée.

La fan : - Je voudrais juste une photo, monsieur Frédéric et moi, soyez sympa, j'ai parié avec les copines. On n'arrive jamais à entrer dans les loges après les concerts. Je voudrais embrasser Frédéric, c'est mon rêve. J'ai fait trois cents kilomètres, soyez sympa.

Odette : - Je compte donc jusqu'à trois. Et comme les gendarmes sont juste à côté, dans deux minutes, si vous êtes encore ici, ils vont vous placer vingt-quatre heures en observation, prévention, et même préventive ! Ce serait dommage, vous en conviendrez ?

La fan : - Je voudrais juste faire une photo avec Frédéric. Je n'ai pas de mauvaises intentions. Je suis une vraie fan.

Odette : - Attendez dehors et vous le verrez arriver.

La fan : - Ne vous moquez pas de moi, je suis certaine qu'ici c'est comme une zone militaire, vous avez au moins cinq entrées et sûrement même des souterrains.

Odette : - Frédéric a laissé une photo dédicacée, je vais vous la chercher seulement si vous me promettez qu'ensuite je ne serai pas obligée de déranger la gendarmerie.

La fan : - Promis, promis, je dirai aux copines que mon appareil s'est bloqué. C'est une bonne idée, vous ne trouvez pas ?

Odette : - Excellente ! (*elle va au bureau, ouvre un tiroir, en sort une photo... pendant ce temps La fan en profite pour photographier la guitare*) Tenez, chère madame.

La fan : - Oh merci, merci chère madame. (*elle sort en la tenant dans les mains et en la fixant comme une image sainte*)

Odette, *refermant la porte à clé, pour elle* : - Pauvre femme ! Ah ! C'est ça aussi son public ! On choisit les lauréates mais pas son public ! Peut-être même pas quarante ans et déjà lessivée !... (*aux lauréates :*) Il suffit d'un peu de tact et ça se passe toujours bien. Sauf une fois où les gendarmes ont vraiment dû se déplacer. Menottes et panier à salades !

On sonne.

Odette : - Ah non ! Elle ne va pas être la deuxième, celle-là ! (*elle écarte le rideau de la fenêtre et regarde dehors... Ouvre*) Encore, déjà ! Mais vous êtes toutes en avance !

Entre Diane.

Diane : - Enfin arrivée !
Odette : - Mais oui, bonjour Diane.
Diane : - Bonjour...
Odette : - Odette, Odette avec un O et quelques dettes... Rassurez-vous, j'ai une éponge qui les récure !... Les

absorbe ! L'argent coule tellement à flots dans son ruisseau.

Toutes la regardent sans comprendre.

Odette : - J'ai une relation qui les éponge, un chanteur à sucer... succès, si vous ne comprenez pas les raccourcis. Diane qui arrive avant Carla, décidément tout part de travers.

Alice : - Les chemins de travers.

Odette, *en les montrant* : - Je te présente Alice et Brigitte, fait comme chez toi petite princesse, Frédéric devrait être là mais j'ignore où il est... Demande des informations, raconte ton voyage, des blagues, montrez-vous les photos de vos enfants, vos vacances, vos amants, Odette est débordée, déboussolée, déprimée et Alice, au lieu de m'aider, mélange tout. Elle aurait dû s'appeler Zélie ! Je n'en peux plus ! (*Odette prend dans une de ses poches une pilule, hésite*) C'est un cas de force majeure, sinon je vais péter un plomb ! (*elle l'avale*) Ha ! Je me sens déjà mieux ! Cool ! Le show-biz a quand même de bons côtés ! Défonce majeure !

Alice et Brigitte l'observent avec désapprobation, tandis que Diane pose son sac dans un coin sans y prêter attention.

Diane : - Oh ! La première guitare...

Odette *plane, pour elle* : - Peace and Love ! Champagne !... Mais ça ne dure jamais, je sais, je suis lucide même dans mon aéroplane blindé. J'en ai trop ingurgitées. Une vie de défonce ou une vie où l'on s'enfonce jusqu'au cou dans le fossé ? Même si j'avais eu le choix, si Frédéric ne m'avait pas embarquée dans son délire, j'aurais choisi le soleil artificiel (*le regard de plus en plus vague*). Comment peuvent-elles supporter la grisaille ? Je vous pardonne, vous ne pouvez pas comprendre, vous ne devez jamais savoir…

Diane, *en se retournant et les observant rapidement* : - Nous avons toutes le même signe distinctif, ce bracelet en argent ! Quand je l'ai découvert dans la lettre il m'a causé une émotion digne d'un premier amour, ou d'une Momina draguée à l'aéroport du Caire par un notable de l'union européenne… (*toutes la regardent, Diane gênée*) Oui, le bracelet en argent (*elle soulève le bras pour montrer son bracelet*)

> *Toutes soulèvent leur main gauche pour montrer leur bracelet et rient. Odette a le même et rit encore plus fort. Elle soulève le bord de son pantalon droit pour montrer qu'elle en a un aussi à la cheville.*

Brigitte : - Moi, quand je l'ai vu, j'ai failli m'évanouir.

Alice : - Au pays des gasconnades, tu aurais dû t'exclamer « *Trois heures furent nécessaires aux pompiers pour me réanimer…* » Oui, je te tutoie, j'ai retenu la première leçon d'Odette « *Après cinq minutes, on se tutoie…* »

Odette, *qui plane* : - Tutoyez-vous, aimez-vous les unes les autres. Et adoptez des enfants si… si je chante faux ! (*en pouffant de rire*)

Diane : - Donc on se tutoie, ça ne me dérange pas, puisque nous sommes dans le même bateau (*Odette, sans l'interrompre : « bureau pas bateau »*), que nous avons toutes eu l'heureuse surprise de recevoir une lettre, elle m'est arrivée le même jour que le mail de Momina m'annonçant quelque chose de désagréable à m'apprendre. Désagréable, je ne m'étais pas inquiétée, elle m'écrivait toujours *mon Amour*.

Brigitte : - Momina, c'est un pseudo du web branché ?

Diane : - Momina est un prénom fréquent en Afrique du nord, elle était l'amante du cynique et manipulateur Carlo, elle était son passe-temps gratuit, tandis que je l'attendais en toute confiance, d'un Amour absolu... enfin je ne vais pas vous raconter ma vie !

Alice, *pour elle, en se passant la main droite dans les cheveux* : - L'une plane, l'autre vide son sac sentimental, je devrais peut-être aller attendre Frédéric dehors.

Diane : - Avec tant d'avance, je croyais arriver la première... ou nous n'avons pas toutes été invitées à la même heure ?

Odette : - Whaou ! En plus intelligente, la princesse ! Grande capacité de déductions, je note !

Diane : - Merci !

Odette, *qui plane toujours* : - Délicatesse de Frédéric. À chacune un accueil personnalisé, arrivées programmées avec un intervalle régulier...

Brigitte : - Personnalisé ?

Odette, *moins planante* : - Mais en plus de Frédéric, maintenant il manque Carla ! L'ordre d'arrivée n'a pas été respecté, c'est la chienlit ! Général ! Réveille-toi, ils sont devenus fous !

Diane : - Et le programme ? Quel est le programme ? L'incertitude c'était bien avant, on pouvait tout imaginer. Mais maintenant que nous sommes arrivées...

Odette : - Programme ! Le programme ! Mais Odette n'a qu'un rôle secondaire ! Je suis une simple salariée qui se mettra en grève un jour ! Tout reposait sur Frédéric et vous, ravissantes lauréates !

Brigitte : - Il devait nous apprendre à écrire une chanson ?

Odette : - Apprendre à écrire une chanson ! J'aurai tout entendu dans l'ombre du boss ! J'ai pas dit du bossu ! Si je la retiens, je l'écrirai celle-là ! Dans mes mémoires. Les mémoires d'Odette ! « *Mémoires honnêtes mais pas nettes d'Odette.* » Sous-titré « *Frédéric frétillant.* » J'ai déposé le titre à la Bibliothèque Nationale. Bref ! Il y a deux écoles : dans la première, les artistes se réunissent, picolent et griffonnent leurs divagations, et selon l'autre école, les solitaires s'enferment dans leur chambrette et attendent l'inspiration... c'est-à-dire qu'ils picolent en âmes solitaires, en poètes maudits !

Brigitte : - J'ai essayé d'écrire des chansons... Mais on me répondait toujours que c'étaient des poèmes.

Alice : - Si j'ai bien suivi, la différence entre une chanson et un poème, c'est le degré d'alcool dans le sang durant l'écriture.

Brigitte : - Tu crois qu'il m'aurait suffi de quelques verres de Malibu pour devenir auteur de chansons ?

Alice : - Il n'est peut-être pas trop tard !

Brigitte : - J'ai apporté un petit poème, je ne sais pas si j'oserai le montrer. Mon rêve c'était qu'il le chante dans son prochain album... Mais à présent que je sais qu'une chanson et un poème ça n'a rien à voir...

Odette : - Lâche-toi ma grande, qu'on te répondrait dans le métier... Lâchez prise ! Zen ma fille ! J'ai tout ce qu'il te faut à la cave ! Pour tous les prix, pour tous les stress... J'en ai même des caisses, des brouettes, des bonbonnes, des bonbons et même de l'écorce de platane, (*en souriant*) c'est terrible, c'était pas naturel, mon parachute s'est refermé.

Alice : - Boire ou ne pas boire, telle est la chanson !

Brigitte : - Non, pas des chansons à boire, de belles chansons romantiques comme Frédéric.

Diane : - Moi aussi j'ai essayé, d'en écrire des chansons, ou des poèmes, quand Momima est retournée un mois à Addis-Abeba. *Le plaisir de trahir*, ça s'appelait. J'avais même un refrain et trois couplets, comme dans une chanson classique :

T'avais l'temps de t'enfuir
Mais t'as voulu vivre le plaisir de trahir
Déstabilisée submergée
Tu t'es laissée consommer
Il t'a touchée partout
Dans tous les... sens du terme
Tu m'as traînée dans la boue
T'avais envie de son sperme

Le plaisir de trahir
D'ailleurs jouir
Y'a pas que les mecs
Y 'a pas que dans les romans de Michel Houellebecq

On sonne !

Odette, *soudain totalement dégrisée* : - J'espère que c'est elle ! Que nous retrouvions un peu d'ordre !

Elle va ouvrir.

Odette : - Oh non ! (*elle referme la porte brusquement, s'appuie contre elle, en hurlant « venez m'aider, des blousons noirs » et referme à clé en poussant un très long « oufff » puis après quelques secondes :*) Des blousons noirs, c'est pas le public de Frédérico, des fous, je les reconnais, ils ont des regards de dingues et pas d'appareil photo.

Alice, *s'effondre dans le canapé, pour elle* : - J'avais rêvé d'autre chose ! À la télé, c'est toujours tellement féerique le show-biz ! Un orchestre avec cordes, un serveur aux gants blancs, caviar, champagne... Et ça n'a rien à voir avec mes rêves.

Brigitte : - Mais où peut bien être passé Frédéric ?

Alice, *en souriant, pour elle mais entendue de toutes* : - S'il avait été garagiste, on aurait pu imaginer qu'il a été appelé pour une urgence.

Brigitte : - Vous trouvez pas qu'on n'y voit rien dans cette pièce ?

Odette, *en détachant fortement chaque syllabe* : - In-ti-mis-te !

Diane : - Ça va Odette ?

Odette : - J'imite le maîîîîîîîîîîître.

Brigitte : - Oh la rime ! On se croirait chez Racine !

Le portable d'Odette sonne. Toutes sursautent.

Odette : - Quand on parle du poète on entend sa... on entend sa ?

Brigitte : - Sonnette !

Odette : - Bien Bri... gette ! Il est le seul à connaître ce numéro, il m'a remis ce nouveau portable hier... Je vous raconterai...

Odette, *en décrochant* : - Frédéric ! (...) Bonjour madame (...) Ce n'est pas grave j'espère (...) Mais que fais-je ? (...) Et demain matin, avec les journalistes et le président du Conseil Régional ? (...) Bien madame.

Odette range son portable. Toutes la fixent.

Odette : - C'était sa vénérable et hystérique, historique, épouse. Frédéric ne pourra pas venir ce soir.

Un « oh » de déception générale.

Odette : - Il y a bien une version officielle. Mais bon, je vous l'épargne. Comme si quelqu'un va croire une version officielle de madame.

Alice : - Les journalistes !

Odette : - Tu as tout compris !... Tu n'aurais pas un pied dans le show-biz ?

Alice : - Même pas un ongle.

Odette : - Un oncle te serait plus utile qu'un ongle...

Mais Frédéric sera là demain matin pour la photo souvenir et les télévions de caméras... les camés de tes visions... caméras de télévision.

Diane : - On pourra au moins lui parler ? Momina est fan de son romantisme gnangnan. Je voudrais bien lui ramener une dédicace du genre « Pour Momina la traître et son crapaud de Carlo, qu'elle sache enfin qu'être attendue six mois c'est du vrai romantisme alors qu'être invitée et complimentée au restaurant n'est qu'une manipulation de chien en rut. »

Odette : - Rassurez-vous, il vous accordera l'intégralité du dimanche.

Alice : - Il faut retarder notre départ ?

Brigitte : - Mais moi je ne peux pas, mon train démarre à 10 heures 25. Quel drame !

Odette : - Une bonne nouvelle : j'ai l'autorisation de remonter de la cave sacrée quelques bouteilles de floc.

Diane : - Du floc ?

Odette : - L'apéritif local. La renommée du sud-ouest. Personne ne connaît le floc ?

Brigitte : - Mais si au fait ! J'en ai bu une fois en vacances... Mais il ne faut pas exagérer, sinon on se met vite à dire et faire n'importe quoi !

Odette : - Floc et cacahouètes, ça promet les fillettes ! Parole d'Odette !

Rideau

Acte 2

Nombreuses bouteilles de floc vides sur la table. Les femmes assises. Lumière normale. Beuverie. Régulièrement, jusqu'à la fin de la pièce, fuseront des exclamations, des paroles inaudibles (couvertes par la voix principale).

Odette : - Quand Odette boit, Odette dit n'importe quoi ! Ça c'est leur version officielle dans le plus charmant des villages du sud-ouest, comme ils bavent à la télé quand Frédéric est l'invité d'honneur.

Alice : - Pas tant d'honneurs que ça si j'ai bien tout suivi.

Odette : - Quand Odette boit, c'est comme si des portes à l'intérieur s'ouvraient. Je ne suis plus Odette secrétaire modèle *(toutes rient)*. Odette secrétaire modèle condamne Odette cancanière. Et vice versa !

Alice : - Cancanière, j'y crois pas ! Tu ne nous as même pas expliqué comment un tirage au sort pouvait sélectionner quatre jeunes femmes pimpantes et presque équilibrées quand des millions de francophones ont envoyé leur plus belle photo et leur classement des plus belles chansons du millénaire.

Odette : - C'est même pas son idée à lui ! C'était avant, du temps où il présidait une autre association, où il dirigeait « Woodstock du Sud-Ouest » ! C'est le coordinateur de cette grande usine à subventions qui lui a refilé l'idée. *(Odette se tait et devient sombre)*

Brigitte, *doucement* : - L'idée…

Odette : - Parce que Frédéric en avait marre : à chaque fois qu'une gamine lui ouvrait sa porte, il devait promettre de la prendre comme choriste, ou en première partie d'un concert. Je dis une gamine, parce qu'il les sélectionnait 18-25 ans, sur photo naturellement !

Alice : - Forcément !

Odette : - Jamais moins de 18 ans, c'était une règle écrite dans le platane.

Alice : - Le marbre !

Odette : - T'es pas du sud-ouest, toi ! Ici, c'est le platane ou la pierre. Mais la pierre, ça casse la lame du couteau ! 18 ans, j'ai dit ! J'étais stricte là-dessus. Y'a bien eu une exception, mais la chanteuse avait falsifié sa carte d'identité, dans ce cas-là, on assume.

Alice : - Elle voulait simplement chanter !

Odette : - Quand on fraude, on assume ! Elle assumait la brunette ! Whaou ! Si elle réussit elle pourra écrire un best seller « *ma méthode pour percer.* »

Diane : - On a compris. Pas besoin d'un livre, une phrase suffit. Momina pourrait lui donner des conseils.

Odette : - S'il le faut, j'irai la tête haute en prison ! Bref… J'étais stricte là-dessus, 18 ans. Si l'état autorise 15, pour moi, pas de problème, mais l'état a dit, donc Odette est stricte. La loi, c'est la loi. Ou alors faut être prudent, depuis qu'avoir un nom ne protège même plus des petits juges ! Je voulais pas retrouver Frédéric traité comme un vulgaire… Comme un vulgaire… En Asie, le « french singer » fait ce qu'il veut, Odette ne va jamais en Asie. Décalage horaire, pas bon. Sauf au Québec, Québec presque France, cousins, on ne va pas nous reprocher de combattre le froid par la fusion ! Mais en France, non, je ne veux pas devenir complice. En Asie, si tu veux, mais pas ici, Odette a des principes, Odette honnête, sinon Odette démissionne !… Et réclame une augmentation pour revenir !…

Brigitte, *doucement* : - Qu'il la prendrait comme choriste…

Odette : - Alors ça créait un tas d'embrouilles, parce que Frédéric, il a remplacé les choristes par des synthétiseurs.

Alice : - Forcément !

Odette : - Vous voulez savoir pourquoi ?

Alice : - Forcément !

Odette : - Personne ne devine ?

Diane : - C'est jamais en retard ? Pas comme les africaines !

Brigitte : - C'est moins lourd !

Odette : - Madame a décrété, « *ça coûte moins cher* », alors monsieur a cédé. Madame en avait marre des ragots et madame est jalouse. Mais moi ça ne me gênait pas qu'on prenne toutes et tous la même chambre ! Pour une fois qu'on faisait des économies ! Elle n'est jamais contente ! Nous étions jeunes ! Et jeunesse a beaucoup de tendresses les soirs de concerts.

Diane : - Ça j'en suis certaine, ce n'est pas écrit dans sa biographie, n'est-ce pas Alice ! D'ailleurs la vérité personne ne l'écrit, c'est comme cette histoire entre Carlo le crapaud et Momina. Africaine aussi a besoin de beaucoup tendresses quand elle passe trois mois en Ethiopie loin de son Amour.

Alice : - Forcément !

Diane : - Non pas forcément ! Quand on t'embrasse en murmurant « *tout va bien se passer* », on ne se lance pas dans la danse du vagin à l'aéroport.

Alice : - Je répondais à Odette !

Odette : - Et pour ses premières parties, en ce temps-là, il trouvait toujours des fils ou des filles à papa prêts à lui refiler de l'oseille pour obtenir l'immense honneur de figurer sur la même affiche. L'oseille c'est une image. Madame tient les cordons de la bourse. La bourse du ménage et la bourse des voyages.

Alice : - T'exagères ! Il a la main sur le cœur !

Odette : - Mais le moteur de sa vie est ailleurs.

Alice : - T'exagères ! J'ai déjà entendu une chanteuse

65

enthousiaste, elle jurait que faire la première partie de Frédéric, c'est extra, il donne des super conseils.

Odette : - Sûrement une qui avait ses raisons de parler ainsi ! Elle pourra écrire un livre aussi !

Diane : - Mais j'ai rien compris à ton histoire. Tu devais nous expliquer pourquoi nous sommes là !

Odette : - J'y viens, j'y viens, mais sans l'historique, tu vas rien piger ma vieille.

Diane : - Je pourrais être ta fille !

Odette : - Sois pas désagréable !

Alice : - Forcément !

Odette : - Odette comprend tout ! Tout !

Brigitte, *doucement* : - Frédéric...

Odette : - Oui, Frédérico était encore un chanteur à disques d'or en ce temps-là.

Brigitte : - Il l'est encore ! J'ai lu dans...

Odette : - Si vous m'interrompez à chaque fois, les portes vont se refermer.

Toutes : - On t'écoute !

Odette : - C'est Jef, (*elle se signe*) paix à son âme s'il en avait une, ce vieux roudoudou ! C'est lui qui lui a soufflé « *Tu devrais sélectionner des fans plutôt que des chanteuses.* » (*elle sourit*)

Diane : - Alors ? On voudrait rire aussi !

Odette : - Les fans sont encore plus connes que les chanteuses.

Brigitte : - Ça ne nous fait pas rire.

Odette : - Qu'il a répondu Frédéric.

Alice : - Le con !

Odette : - C'est notre Frédéric adoré, qui a répondu « *les fans sont encore plus connes que les chanteuses.* » Je vous rassure, il me considère moins secrétaire que fan.

Alice : - Tu ne lui as jamais mis trois claques ?

Odette : - Il les a eues… (*Odette devient sombre*) Mais rien, là vous ne saurez rien, vous ne saurez rien de ma vie privée. C'est entre lui et moi, cette histoire, c'est ma vie privée (*proche de pleurer, silence*). Sa première guitare, vous pouvez regarder le mur, vous ne la verrez pas !… Je la lui ai fracassée sur la tête. Celle-là, c'est même pas la deuxième. La deuxième, c'est sa femme qui s'en est chargée. Tête à guitares qu'on l'a appelé pendant des mois ! Il l'avait bien mérité.

Alice : - Le con !

Odette, *se reprenant* : - Mais c'était y'a si longtemps ! Ha ! J'avais quinze ans ! Ha ! J'étais si jeune et si naïve. Y'a contraception (*troublée*), conscription, prescription. Il lui reste une cicatrice sur la tête. J'ai frappé plus fort que sa femme. Il n'avait pas encore de moumoute !

Alice : - Quoi, Frédéric est chauve ! Il a une perruque !

Odette : - Les portes vont se refermer !

Brigitte : - Frédéric a dit…

Odette : - Et l'année dernière, à l'enterrement de Jef, il m'a bredouillé. Il avait la larme à l'œil… Je suis certaine qu'il avait coupé des oignons avant ! C'est bien son style !

Alice : - Forcément !

Diane : - Forcément ! On dirait Momina et son « D'accord » ! D'accord à tout, tu m'appelles princesse je te crois, alors d'accord serre-moi dans tes bras, embrasse-moi à l'italienne, tu m'appelles mon amie, d'accord, et tu deviens mon amimour. Viens t'allonger dans mon lit, c'est plus agréable pour parler ! D'accord ! Ne dis rien à Diane, elle ne pourrait pas comprendre que tu es fidèle à l'Amour en vivant notre belle histoire. D'accord ! Salauds d'humains, va ! Donner sa confiance c'est donner le couteau pour être poignardé dans le dos. Excusez-moi, je vais pas bien, je crois. Continue Odette…

Brigitte : - L'enterrement…

Odette : - Il m'a bredouillé : « *c'est con, tu vois, j'ai pas eu le temps, j'ai pas eu le temps de lui dire que son idée de sélectionner des fans plutôt que de la chair à sacem, son idée, à lui, à lui qui ne sera plus là pour me couvrir devant ma femme, son idée géniale, j'en ai touché trois mots au président du Conseil Régional, et le vieux schtroumpf nous subventionne, forcément ! Tu te rends compte, il saura jamais que son idée, le monde entier va la connaître...* »

Alice : - Mais c'était pas le règlement, sélectionner des femmes ! Les hommes pouvaient participer.

Diane : - Y'a même eu un tirage au sort devant les caméras.

Odette : - Si vous croyez les règlements et les films, vous êtes mal parties les filles.

Diane : - Magouilles ici comme partout.

Alice : - Forcément ! Si je vous racontais comment ça se passe dans mon groupe !

Odette : - C'est moi qui tenais le caméscope ! Et sa fille a réalisé le montage, les coupures et tout, elle suit des études de cinéma, sa fille aînée, dans l'école la plus chère du pays forcément ! Et la télévision a été bien contente de pouvoir passer un reportage sans devoir se déplacer ! Et même gratuitement ! Enfin, quel beau voyage ils m'offrent en Martinique le mois prochain !

Brigitte : - Tu m'emmènes ?

Odette : - J'ai trois places… Tu me donnes combien ?

Brigitte : - Tu as des places gratuites et tu les revends !

Odette : - Forcément ! N'est-ce pas Alice, tout le monde se débrouille, forcément !

Alice : - Y'a eu de la magouille alors !?

Odette : - Une stagiaire s'est coltinée le premier tri : les hommes d'un côté, les femmes de l'autre. Après il a fallu que je regarde toutes les photos pour ne retenir finalement que des « *magnifiques femmes dont le prénom commence par les quatre premières lettres de l'alphabet.* »

Alice : - A comme Alice !

Brigitte : - B comme Brigitte !

Diane : - Et pourquoi ?

Odette : - À cause de sa mémoire ! Alice j'y glisse, Brigitte me prend la… *(pouffe de rire)*

Diane : - C'était une rime pauvre ? *(toutes rient sauf Brigitte vexée)*

Alice : - Alors c'est vrai, quand il chante, il utilise un prompteur ?

Odette : - Comment tu sais ça, toi ?

Alice : - Tu me l'as glissé tout à l'heure… Juste après avoir glissé ! On glisse beaucoup !

Odette : - Pas possible ! Quand Odette est saoule, elle se souvient de tout, à la virgule près. Et elle s'en souvient même après, alors elle s'enferme pendant quinze jours pour ne pas voir les catastrophes.

Alice : - Quand tu étais à jeun, quand je suis arrivée.

Odette : - Je ne suis pas responsable des propos d'Odette à jeun. Même pas coupable.

Diane : - Alors nous avons été choisies pour notre prénom et notre physique !

Odette : - Tu as tout compris ma belle !

Alice : - C'est plutôt un beau compliment, finalement.

Diane : - Dire que ma mère a hésité entre Diane et Rosalie !

Brigitte : - Oh ! Si mon mari savait ça ! Lui qui a envoyé une photo retouchée par Photoshop et noté uniquement des chansons de Frédéric dans son classement des plus belles chansons du millénaire ! J'avais même corrigé ses fautes !

Alice : - Attends, attends, je commence à comprendre…

Brigitte : - Tu comprends quoi ?

Alice : - Nous étions convoquées à vingt minutes d'intervalle !

Odette : - Cinq minutes de présentation et le reste, déshabillage et rhabillage compris, le reste tient en un quart d'heure. Chrono en main, on a répété !

Toutes : - Oh !

Odette : - Après, ouste dans la salle de répétitions, au piano si tu veux, la pièce est insonorisée, place à la suivante ! Comme au service militaire !

Alice : - Le vieux roudoudou !

Brigitte : - Je suis choquée ! Comment a-t-il pu croire ! J'ai beau être fan, je sais rester digne ! Il me déçoit.

Diane : - Pas de chance pour lui je préfère les filles ! Mais bon pour faire payer à Momina de s'être tapé Carlo, pourquoi pas après tout ! 20 minutes aussi je croyais quand elle m'a avoué « *on s'est laissés submerger un soir.* » Mais c'était la version une, aujourd'hui on en est à quatre nuits passées entièrement nue dans son pieu et « *je lui ai bien rendu sa tendresse, ses caresses.* »

Alice : - Pauvre Diane ! Un mec aussi m'a fait ça… La dignité doit être rare, tout finit peut-être en mensonges et trahisons…

Brigitte : - Démoralisez-moi pas ! Jamais je n'ai trompé mon mari et je n'en ressens aucun héroïsme, je l'Aime comme il m'Aime.

Odette : - Alice j'y glisse ! *(se retient de pouffer)* Je vous rassure, il avait prévu sa boîte de Viagra !

Toutes : - Oh !

Diane : - Heureusement qu'il y a du floc pour oublier ! Et elle voudrait que j'arrête l'alcool !

Alice : - Ça te fait aussi mal que si un mec t'avait trompée.

Diane : - Une Diane peut être cocue aussi ! Elle m'avait pourtant affirmé « *t'inquiète pas, tout va bien se passer* », quand elle est partie en septembre. En plus elle est revenue en décembre avec la carte de ce type dans sa poche, tu te rends compte elle m'embrassait avec la carte de ce type dans sa poche, elle lui avait donné son téléphone d'Addis et son mail, comme une petite salope impatiente d'être invitée au restaurant, une cocotte qui veut juste que le type fasse semblant de croire quelques minutes en sa vertu et la fasse tomber dans les règles établies de la drague entre personnes soucieuses de s'afficher dignes et honnêtes.

Odette : - Une cocotte-minute !

Diane : - Je lui avais même parlé de se pacser malgré sa famille qui ne veut pas entendre parler de moi. Heureusement les frais généraux sont généreux (*elle boit*).

Alice : - Mais ça dégénère.

Diane, *en riant* : - Pourtant la nuit même les cellules grises se régénèrent ! Dire qu'en plus j'ai failli être en retard à cause d'une crevaison.

Odette : - Et ça t'aurait mise en retard !

Diane : - J'ai appelé les renseignements mais les garagistes du coin étaient tous sur répondeur. Les premiers types qui se sont arrêtés me proposaient d'appeler une remorqueuse et de m'héberger la nuit.

Odette : - Quand on veut conduire une voiture, il faut suivre la formation « changement de roues. » Frédéric me paye toujours le taxi, sur ça, y'a rien à lui reprocher.

Diane : - Et c'est un camionneur qui me l'a changée, sans même la moindre avance. J'avais des préjugés défavorables sur les camionneurs, j'avais tort. Je lui ai promis de lui envoyer une photo dédicacée de Frédéric…

Brigitte: - C'est pas clair non plus ton histoire de roue, ça n'arrive plus, crever une roue, c'était au Moyen Âge !

Alice : - Y'avait pas de voitures, au Moyen Âge, ma vieille.

Diane : - Je suis une victime des manifestations estudiantines. Décidément le monde m'en veut ! Hier ils ont balancé des bouteilles sur les CRS.

Alice : - Alors il faut qu'on trinque !

Brigitte : - Vides, j'espère. Ils ne seraient quand même pas fous... Enfin, ils sont tellement riches les manifestants d'aujourd'hui, qu'un jour ils balanceront des bouteilles de Dom Pérignon. Juste pour narguer les journalistes stagiaires ! Et montrer qu'en France, non seulement on a les moyens de manifester, mais en plus une certaine élégance.

Alice : - C'est bizarre, j'avais eu la même idée quand les chanteurs ont manifesté contre le téléchargement gratuit de la musique sur internet.

Brigitte : - Je me souviens. Mais j'ai oublié son nom, à ce chanteur qui tendait son joint aux CRS. Il paraît que cette photo, ça lui a rapporté un max de blé, ça a fait redécoller ses ventes, encore plus que Gainsbourg quand il avait brûlé un gros billet à la télé.

Diane : - C'est qui Gazbourg ?

Odette : - Frédéric aussi a réussi un super bon plan média : avec Jef, nous avions organisé une super manif. Forcément spontanée ! On avait déplacé une de nos célèbres rencontres interprofessionnelles de la chanson française de qualité. Ils nous en avaient voulu les parigots, quand le 20 heures avait ouvert par un duplex avec le merveilleux petit village du sud-ouest *« où il y a ce soir plus de manifestants que d'habitants habituellement. »*

Diane : - Mais pourquoi ont-elles cessé, ces rencontres ? Je me souviens, j'avais vu un reportage à la télé.

Alice : - C'est écrit dans sa dernière biographie : «*le monde de la chanson regrette que ce haut lieu de la*

formation, de la création ait dû fermer, à cause de campagnes de presse scandaleuses, inacceptables. »
Odette : - On nous a reproché nos subventions ! Trop d'argent dilapidé ! Ha ! qu'est-ce qu'on se prenait comme bon temps avec Jef, on s'en est payé de super vacances, vive les subventions !
Alice : - Magouilles !
Odette : - Retire ce mot, sinon je range le floc ! Le monde de la chanson a ses traditions. Et la Cour des Comptes ferait mieux...
Alice : - Je n'ai rien dit !

Diane: - Je meurs de soif ! (*elle se ressert et ressert ses compagnes*)
Odette : - Pauvre Frédéric ! Vous pourriez quand même respecter sa mémoire, arrêter de picoler cinq minutes !
Diane : - Il n'est pas mort, ton champion, juste cloîtré !
Odette : - Cloîtré, tu as trouvé le mot juste, ma belle. Elle est tellement jalouse sa femme ! Et elle a tout deviné.
Brigitte : - La pauvre !
Diane : - Jalouse, je l'étais même pas. J'avais une totale confiance. Mais loin des yeux loin du cœur. Pour moi aussi, comme pour les autres. Loin des yeux près de son pieu.
Odette : - Y'avait pas besoin d'être une lumière pour comprendre. Elle est passée la semaine dernière, elle a feuilleté le dossier. Je l'avais pourtant caché. Et elle n'a pas pu se retenir de remarquer « *bizarre, quand même, quatre femmes, et des plus fraîches et mignonnes.* »
Brigitte : - Elle n'a pas regardé le reportage télé ?
Odette : - Pauvre Frédéric ! Il s'est sacrifié pour qu'elle ne le voie pas : devoir conjugal ! Il l'a honorée durant une heure comme une femme désirable.

Alice : - Elle a pourtant les moyens de se payer un peu de chirurgie esthétique !

Odette : - Au village, on la surnomme « la Jacksonnette », tellement elle est siliconée.

Alice : - C'est pourtant pas écrit dans les biographies.

Brigitte: - Mais tu crois vraiment aux biographies !

Alice : - Tu ferais mieux de raconter ta vie !

Odette : - Pauvre Frédéric ! Il doit fixer sa vallée illuminée de lampes solaires. Tout ça parce que sa Jacinthe a réussi à le persuader que briser son image de dernier romantique serait catastrophique. L'homme qui n'a aimé qu'une femme ! Et il chante les fleurs ! Jure sur le cœur qu'elle lui inspire toutes ses chansons. Comme c'est triste, une idole non maquillée !

Brigitte : - Comme elle est belle la première guitare du maître !

Diane : - T'es sourde ou tu tiens pas l'alcool ?! C'est pas sa première guitare. Sa première, Odette lui a fracassée sur la tête. Et elle a bien eu raison. S'il était là devant moi, il s'en prendrait une troisième.

Odette : - Diane, je t'interdis de colporter de tels ragots, c'est sa première guitare, point à la ligne.

Diane : - Si j'en avais la force ! J'ai même pas réussi à lui mettre trois gifles à cette Momina qui n'a même pas pleuré en avouant ses indignités !

Rideau

Acte 3

Suite beuverie. On sonne.

Odette : - Mon Dieu ! Qui cela peut-il bien être !

Diane : - Il en manque une, c'est donc elle !

Odette *compte* : - 1, 2, 3, 4 (*elle se compte en quatrième*). Quatre, sa fille en a bien tirées quatre... au sort ! On est complet !

Diane *compte* : - 1, 2 (*elle ne se compte pas*). Deux, y'en a pas quatre de chair à Frédérico. T'as pas gagné !

Alice *à Odette*: - Quatre moins un ?

Odette : - Trois, à quoi tu joues ?

Alice : - Tu n'as pas gagné, tu es l'hôtesse ! Avec un O comme O...

Diane : - Tocard !

Odette : - Tocard ?

Diane : - Autocar, l'autocar est arrivé sans se presser. Un autocar à roulettes. Et s'il n'en reste qu'une ce sera la dernière, et la nénette va décoller les étiquettes.

Odette : - Si j'ai tort, Diane a raison, forcément !

Alice : - Mais non, pas forcément ! bande de givrées !

Odette : - Qui va là ?

On sonne de nouveau.

Odette, *se lève, se précipite, ouvre difficilement (la porte est fermée à clé)* : - Oh ! (*elle se tient à la porte*) Monsieur le commissaire ! (*elle sort et referme la porte*)

Diane : - Il est arrivé quelque chose à Frédéric !

Alice : - Tu crois qu'ils l'ont retrouvé noyé dans le lac ?

Brigitte : - Si c'est ça on va passer à la télé !

Alice : - T'aurais pas honte de profiter de sa mort pour réciter ton poème au journal de TF1.

Brigitte : - J'y avais pas pensé ! Mais si les journalistes m'interrogent, je leur annonce une exclusivité mondiale.

Alice : - Du genre il m'a téléphoné hier pour me demander l'autorisation de mettre ce texte dans son prochain album !

Brigitte : - J'y avais pas pensé ! Tu travaillerais pas dans la pub ?

Diane : - C'est ce connard de Carlo qui travaille dans le marketing pour l'Union Européenne à Addis-Abeba, et il ne pouvait pas se contenter de Sophie, ouais Sophie, l'instit, il a fallu qu'il se tape une princesse black ; une blanche les jours pairs et une noire les jours impairs.

Brigitte : - Tu penses à tes histoires de... de... alors que Frédérico est peut-être raide !

Alice : - Enfin raide, les femmes diront devant son cercueil !...

Brigitte : - Oh !

Alice : - Bin oui, enfin raide naturellement, diront celles qui savent qu'il prenait du viagra !

Diane : - C'est ce connard de Carlo qui prend du viagra.

Odette rentre.

Toutes : - Alors ?

Odette : - Rien ! Juste un gendarme ! Notre Carla, pas la sœur de Carlo le crapaud (*en souriant à Diane*) ni la femme de l'autre mais celle qui aurait dû être des nôtres, elle a eu un accident de voiture, juste un bras cassé mais fini pour elle la rencontre inoubliable !

Alice : - Inoubliable... À part le floc... c'est plutôt un flop !

Brigitte : - Floc, flop ! Tu as une âme de poète !

Odette : - L'escroc, pour le service il m'a demandé une petite gâterie. Je n'ai pas pu lui refuser, c'est presque mon vagin, oups mon voisin ! Il a vingt-deux ans ! Et sa femme est une amie. C'est une mode venue d'Angleterre, il paraît, les femmes mûres dévoreuses de jeunes hommes.

Diane : - Il en a eu aussi des gâteries, son baratineur d'aéroport, alors qu'elle m'écrivait encore « *tu me manques.* » Pourtant il avait presque trois fois vingt-deux ans !

Brigitte : - Ah ! donc tout va bien, ça m'a donné une de ces peurs ! Faut que je me vide ! (*elle se lève et sort vers la porte à l'opposée de celle d'entrée*)

Diane : - En tout cas, les vieux croûtons dévoreurs de chair fraîche, ça doit être universel, pas seulement pour les fonctionnaires européens italiens en poste en Ethiopie.

Alice : - Tu as fait vite !

Odette : - Je connais quelques trucs ! Il est jeune, il n'a pas résisté !

Alice : - Même durant ma procédure de divorce, j'aurais jamais osé être aussi directe !

Odette : - On ne peut pas lui donner tort, ni lui en vouloir. Il fut d'une tendresse touchante, pas une parole ni un geste obscène. Il sait que dans le show-biz on a la tendresse facile.

Diane : - Comme sous le soleil d'Addis ! On va au restau et on prend le dessert jusqu'à sept heures du mat, vas-y pépère, profites-en, reprends de la figue, je suis à toi. Diane, Diane, tu me manques on écrit dans les mails mais on s'emmêle sans état d'âme.

Alice : - Alors c'est vrai, c'est un milieu guère fréquentable, le show-biz ?

Odette : - On y vieillit vite : regarde, moi, j'avais 17 ans, et je les ai plus.

Alice : - Je te rassure, ça arrive aussi chez les comptables !

Odette : - Peut-être, mais elles ne s'en aperçoivent pas !

Alice, *à Diane*: - Faut pas essayer de comprendre, Odette est gasconne.

Diane : - Franchement, ça fait au moins trois jours que j'ai arrêté d'essayer de comprendre ce qui se passe ici ! Mais j'ai bien compris qu'en Ethiopie, elle espérait vivre « *Belle du Seigneur* », qu'un vieil homme distingué lui offrirait une vie de princesse.

Alice : - Tu étais où y'a trois jours ?

Odette : - Moi, parfois, j'ai bien l'impression qu'une journée tient en trois secondes. Le contraire peut donc arriver aussi.

Diane : - À une époque on mettait le temps en bouteilles et parfois il en sortait un ogre, parfois il en sortait...

On sonne. Un bond général.

Alice : - Les blousons noirs reviennent ! Où j'ai mis ma bombe lacrymogène ? (*elle fouille dans ses poches*)

Odette : - Silence les filles, quand le chasseur arrive, les biches se cachent.

Diane, *plus bas* : - Tu es allée voir Bambi au cinéma ?

Alice : - Et on fait quoi ?

Odette : - Rassurez-vous, j'ai refermé à clé.

Nouvelle sonnerie.

Voix féminine du dehors (*uniquement les derniers mots compréhensibles*) : - ...Ouvrez-moi !

Odette : - Sa femme ! C'est la fin du monde ! (*elle se signe, vide le fond de son verre*)

Diane : - Entre femmes, on saura se comprendre.

Alice : - Après tout, nous n'y sommes pour rien. Leurs histoires de couple ne regardent que les journaux.

Odette, *se lamente* : - Virée, virée sans indemnités ! Je l'avais bien pressenti, et sur qui ça va retomber, sur

Bambi, sur bibi (*se frappe la tête*)... Même si elle vient avec un huissier pour m'accuser d'avoir outrepassé les termes de mon contrat, elle me paiera mes indemnités, sinon j'en ai à raconter ! Elle ne m'a jamais aimée, la garce ! J'y peux rien si son mec a un faible pour mes fesses !

La voix du dehors : - (*quelques mots incompréhensibles, puis*) C'est Brigitte.

Odette : - Brigitte, Brigitte ? Je ne connais pas de Brigitte.

Diane : - Elle veut nous embrouiller, c'est une ruse de Bambi, de pêcheur, de chasseur.

Alice : - Y'a des femmes chez les blousons noirs ... Deux ! B 2 !

Diane : - Touché ? Coulé ? Mais où est le plan de la bataille navale ? Si je pouvais le torpiller cet italien ! Les avions, ce sont des F16, je le sais, mon cousin...

Alice : - A 1 Alice, B 2 Brigitte !

Odette, *euphorique* : - Ah Brigitte ! Elle est sortie d'un côté, elle rentre de l'autre ! Je vous le disais bien que c'était pas sa fêlée, sa femme !

Brigitte : - ... Ouvrez, je me suis égarée...

Odette : - Je sais, je sais ! Mais j'ai quand même le temps de me lever ! Je suis en heures sups ! Je vais lui demander une prime de risques au Frédéric.

> *Odette se lève, titube jusqu'à la porte et ouvre finalement.*
> *Brigitte rentre.*

Brigitte : - Je suis désolée de vous avoir alarmées. J'ai dû ouvrir la porte qu'il ne fallait pas en sortant des toilettes. Je suis confuse.

Alice : - Pourtant tu dois commencer à connaître le chemin !

79

Odette : - Il va me les payer mes heures sups !

Diane : - En floc !

Odette : - Je suis pas du genre à tout déballer dans les journaux ni à demander d'être choriste ! Mais l'argent du travail, c'est sacré. Toute peine mérite salaire. Combien de fois je me suis levée ce soir !

Alice : - Et n'oublie pas de facturer les descentes à la cave !

Odette : - Parfaitement ! Et comme la chaudière est lancée, la nuit sera chaude ! (*plus discrètement à Diane dont elle s'est approchée :*) ça fait bien longtemps que je n'ai pas eu envie de faire un câlin avec une femme, mais faut que je te l'avoue, depuis que tu es arrivée je suis déstabilisée, y'a un truc en toi qui m'appelle et me fait vibrer. Je ne suis pas du genre à m'échauffer rapidement mais là, tu vois, je ne vais même pas te faire la grande scène de l'amitié... je te désire...

Diane : - Si tu insistes aussi gentiment...

> *Odette lui caresse les cheveux, le dos...*
> *Alice et Brigitte les observent et elles s'éloignent d'une chaise pour continuer leur conversation.*

Odette : - Si nous étions seules... j'oserais même passer une main en dessous...

Diane : - Si en plus tu m'offres un séjour à la Martinique...

Odette : - Tu passes vite de l'envie d'un peu de tendresse à l'envie d'une vraie liaison... Je dis pas non, les mecs sont tellement décevants.

Diane : - Et pourtant cette conne de Momina s'est laissée entuber.

Odette : - Pense plus à elle ma belle, profite du temps présent en toute sincérité, en toute passion.

Diane : - Je me rappelle très bien, très très bien, de choses très bonnes, plus que bonnes... et je sais qu'elle m'Aime de nouveau...

Odette : - Tu vas en connaître d'autres.

Diane : - Son petit trésor excisé... et elle l'a laissé souiller, elle le regrette à peine en plus, elle sait juste marmonner « *désolée, je croyais qu'on allait se quitter, je croyais que tu ne m'aimais plus vraiment, je croyais ne plus t'aimer à ce point, je croyais qu'on allait se séparer... désolée, il m'a déstabilisée, ça ne m'était jamais arrivé, j'ai été submergée, j'avais des douleurs atroces au ventre mais j'y allais... désolée...*»

Odette : - Ma princesse. (*elle la caresse de plus en plus*)

Alice : - Je crois qu'on va terminer la soirée à deux devant des bouteilles vides.

Brigitte : - C'est dommage de se scinder comme ça. On formait un bon groupe.

Alice : - La vertu n'est pas une notion universelle.

Brigitte : - Je me demande souvent quel plaisir les gens trouvent dans la trahison ?

Alice : - Si on se met à philosopher, on va finir par pleurer.

Diane : - Elle avait des choses désagréables à m'apprendre qu'elle écrivait dans ses mails.

Odette : - C'est du passé ma princesse, sois dans l'instant présent, vis ce moment privilégié avec passion.

Diane : - Il l'appelait princesse et elle a passé quatre nuits nue dans son pieu à cet étalon italien. Et à sept heures du matin, avant d'aller occuper son poste d'inutile privilégié buvant le sang de l'Afrique, il descendait sa simili escort girl chez elle, et la cocotte s'empressait de m'écrire un mail anodin. Elle a même envisagé de faire sa vie avec, durant quelques jours. Mais pour lui, elle n'était qu'une aventure de passage, une couleur locale à consommer, et

81

elle aurait voulu qu'il reste son ami de cœur, et en plus me l'imposer. Ami de cœur, elle a osé m'écrire depuis !

Odette : - C'est fini tout cela, on s'est rencontrés et le monde s'est éclairci.

Brigitte : - Et si on chantait.

Alice : - Allez, sors ton merveilleux poème destiné au prochain album de Frédérico rococo.

Brigitte : - Tu crois que je peux oser ?

Alice : - On aura au moins fini la soirée dignement.

Brigitte : - Oui, tu as raison, la dignité est de notre côté (*elle sort une feuille, la pose devant Alice*) tiens, je la connais par cœur.

> *Elles entonnent, le plus mal possible, «* Qu'une fois »...

On parle de l'Amour
Qui ne serait plus
Qu'une vulgaire chasse à courre
Un jeu pratiqué nu
On joue à l'amour

On dit grand amour
Quand on a trop bu
Ou qu'on reste plus d'huit jours
En étant convaincu
Que c'est pour toujours (*Odette se lève, tend la main droite à Diane qui la prend, se lève aussi, elles sortent main dans la main durant le refrain*)

Mais les rues sont pleines
De gens qui comme moi
N'ont dit qu'une fois
« Tu sais, je t'aime »

Rideau – FIN

Stéphane Ternoise

À 25 ans, Stéphane Ternoise a quitté le confortable statut de cadre en informatique (qui plus est dans le douillet secteur des assurances), pour se confronter à son époque, essayer de vivre de sa plume en toute indépendance. Il redoutait de finir pantin d'un grand groupe où même les maisons historiques peuvent se retrouver avec Jean-Marie Messier ou Arnaud Lagardère comme grand patron. Stéphane Ternoise est auteur-éditeur depuis 1991, devenu spécialiste de l'auto-édition professionnelle en France. Il créa « logiquement » http://www.auto-edition.com en l'an 2000, une activité alors quasi absente du web ! Son éclairage sur l'univers de l'édition française a rapidement suscité quelques difficultés, dont une assignation au Tribunal de Grande Instance de Paris, en juin 2007, par une société pratiquant le compte d'auteur, finalement déboutée en septembre 2009.

Dans un relatif anonymat, avant la Révolution Numérique, l'auteur lotois a néanmoins réussi à publier 14 livres en papier, à continuer en vivant de peu. Depuis 2005, ses livres étaient également en vente, marginale, en version numérique. Il s'agissait d'abord de simples PDF. L'auteur-éditeur a consacré l'année 2011 à la réalisation de son catalogue numérique, publiant ainsi ses pièces de théâtre, sketchs et textes de chansons en plus des romans, essais et recueils adaptés aux formats epub et Mobipocket Kindle...

La multiplication des questions et l'information approximative balancée sur de nombreux blogs par de néo-spécialistes de l'auto-édition autopublication, l'ont décidé à écrire sur cette révolution de l'ebook. Le guide l'auto-édition numérique est ainsi devenu son web best-seller !

Depuis octobre 2013, et son « identifiant fiscal aux États-Unis », son catalogue papier tend à rattraper celui en pixels.

Il convient donc de nouveau d'aborder l'auteur sous le biais de l'œuvre. Ainsi, pour vous y retrouver, http://www.ecrivain.pro essaye de fournir une vue globale. Et chaque domaine bénéficie de sites au nom approprié :

http://www.romancier.org
http://www.parolier.org

http://www.essayiste.net

http://www.dramaturge.fr
http://www.lotois.fr

Vous pouvez légitimement vous demander pourquoi un auteur avec un tel catalogue ne bénéficie d'aucune visibilité dans les médias traditionnels. L'écriture est une chose, se faire des amis utiles une autre !

Catalogue

Romans : (http://www.romancier.org)
Le Roman de la révolution numérique également sous le titre
Un Amour béton
Ils ne sont pas intervenus (le livre des conséquences)
également sous le titre *Peut-être un roman autobiographique*
La Faute à Souchon ? également sous le titre *Le roman du
show-biz et de la sagesse (Même les dolmens se brisent)*
Liberté, j'ignorais tant de Toi également sous le titre *Libertés
d'avant l'an 2000*
Viré, viré, viré, même viré du Rmi
*Quand les familles sans toit sont entrées dans les maisons
fermées*

Edition (http://www.auto-edition.com)
Le guide de l'auto-édition, papier et numérique
*Le manifeste de l'auto-édition - Manifeste politico-littéraire
pour la reconnaissance des écrivains indépendants et une saine
concurrence entre les différentes formes d'édition*
Écrivains, réveillez-vous ! - *La loi 2012-287 du 1er mars 2012
et autres somnifères*
Le livre numérique, fils de l'auto-édition
*Réponses à monsieur Frédéric Beigbeder au sujet du Livre
Numérique (Écrivains= moutons tondus ?)*
*Comment devenir écrivain ? Être écrivain ? (Écrire est-ce un
vrai métier ? Une vocation ? Quelle formation ?...)*
*Copie privée, droit de prêt en bibliothèque : vous payez, nous
ne touchons pas un centime - Quand la France organise la
marginalisation des écrivains indépendants*
Alertez Jack-Alain Léger !

Théâtre : (http://www.dramaturge.fr)
La baguette magique et les philosophes
Neuf femmes et la star
Avant les élections présidentielles
Les secrets de maître Pierre, notaire de campagne

Deux sœurs et un contrôle fiscal
Ça magouille aux assurances
Pourquoi est-il venu ?
Amour, sud et chansons
Blaise Pascal serait webmaster
Aventures d'écrivains régionaux
Trois femmes et un amour
Chanteur, écrivain : même cirque
« Révélations » sur « les apparitions d'Astaffort » Brel / Cabrel (les secrets de la grotte Mariette)
J'avais 25 ans

Pour troupes d'enfants :
Les filles en profitent
Révélations sur la disparition du père Noël
Le lion l'autruche et le renard
Mertilou prépare l'été
Nous n'irons plus au restaurant
Recueils :
Théâtre peut-être complet
La fille aux 200 doudous et autres pièces de théâtre pour enfants
Théâtre pour femmes

Chansons : (http://www.parolier.info)
Chansons trop éloignées des normes industrielles
Chansons vertes et autres textes engagés
Parodies de chansons - De Renaud à Cabrel En passant par Cloclo et Jacques Brel
Chansons d'avant l'an 2000
Vivre Autrement (après les ruines), l'album invisible...

Photos : (http://www.france.wf)
Cahors, 42 inscriptions aux Monuments Historiques
La disparition d'un canton : Montcuq
Montcuq, le village lotois
Cahors, des pierres et des hommes. Photos et commentaires

Limogne-en-Quercy Calvignac la route des dolmens et gariottes

Saint-Cirq-Lapopie, le plus beau village de France ?

Saillac village du Lot

Limogne-en-Quercy cinq monuments historiques cinq dolmens

Beauregard, Dolmens Gariottes Château de Marsa et autres merveilles lotoises

Villeneuve-sur-Lot, des monuments historiques, un salon du livre... -Photos, histoires et opinions

Henri Martin du musée Henri-Martin de Cahors - Avec visite de Labastide-du-Vert et Saint-Cirq-Lapopie sur les traces du peintre

L'église romane de Rouillac à Montcuq et sa voisine oubliée, à découvrir - Les fresques de Rouillac, Touffailles et Saint-Félix

Cajarc selon Ternoise

Livres d'artiste (http://www.quercy.pro)

Quercy : l'harmonie du hasard

Lot, livre d'art

Montcuq, livre d'art

Quercy Blanc, livre d'art

Montaigu de Quercy, livre d'art

Quercy : l'harmonie du hasard

La beauté des éoliennes

Golfech, c'est beau un village prospère à l'ombre d'une centrale nucléaire

Jésus, du Quercy

Essais (http://www.essayiste.net)

Ya basta Aurélie Filippetti !

Amour - état du sentiment et perspectives

Contrairement à Gérard Depardieu, dois-je quitter la France ?

Cahors, municipales 2014 : un enjeu départemental majeur

Quand Martin Malvy publie un livre : questions de déontologie

Politique : (http://www.commentaire.info)
Ce François Hollande qui peut encore gagner le 6 mai 2012 ne le mérite pas
Nicolas Sarkozy : sketchs et Parodies de chansons
Bernadette et Jacques Chirac vus du Lot - Chansons théâtre textes lotois

Affaire Ségolène Royal - Olivier Falorni Ce qu'il faut en retenir pour l'Histoire - Un écrivain engagé, un observateur indépendant
François Fillon, persuadé qu'il aurait battu François Hollande en 2012, qu'il le battra en 2017

Notre vie (http://www.morts.info)
La trahison des morts : les concessions à perpétuité discrètement récupérées - Cahors, à l'ombre des remparts médiévaux, les vieux morts doivent laisser la place aux jeunes...
Cahors : Adèle et Marie Borie contre Jean-Marc Vayssouze-Faure - Appel à une mobilisation locale et nationale pour sauver les soeurs Borie...

Jeux de société
http://www.lejeudespistescyclables.com
La France des pistes cyclables - Fabriquer un jeu de société pour enfants de 8 à 108 ans
Le bon chemin pour Saint-Jacques-de-Compostelle

Divers :
La disparition du père Noël et autres contes
J'écris aussi des sketchs
Vive les poules municipales... et les poulets municipaux - Réduire le volume des déchets alimentaires et manger des oeufs de qualité
Le Martyr et Saint du 11 septembre : Jean-Gabriel Perboyre

En chti : (http://www.chti.es)
Canchons et cafougnettes (Ternoise chti)
Elle tiote aux deux chints doudous (théâtre)

Œuvres traduites (http://www.traducteurs.net)
La fille aux 200 doudous :
- *The Teddy (Bear) Whisperer* (Kate-Marie Glover)
- Das Mädchen mit den 200 Schmusetieren (Jeanne Meurtin)

- Le lion l'autruche et le renard :
- How the fox got his cunning (Kate-Marie Glover)
- Mertilou prépare l'été :
- The Blackbird's Secret (Kate-Marie Glover)

- *La fille aux 200 doudous et autres pièces de théâtre pour enfants (les 6 pièces)*
- La niña de los 200 peluches y otras obras de teatro para niños (María del Carmen Pulido Cortijo)

Chansons - Cds :
(http://www.chansons.org)
Vivre Autrement (après les ruines)
Savoirs
CD Sarkozy selon Ternoise (parodies de chansons, 2006)

Paris

Stéphane Ternoise

Quatre ou cinq femmes attendent la star

Mentions légales

Site officiel : http://www.ecrivain.pro

Versant théâtre : http://www.dramaturge.fr

Demande d'autorisation pour représentations sur http://www.ternoise.fr

Dépôt légal à la publication au format ebook du **31 mai 2011**.

Imprimé par CreateSpace, An Amazon.com Company pour le compte de l'auteur-éditeur indépendant. **livrepapier.com**

ISBN 978-2-36541-616-0
EAN 9782365416160
Quatre ou cinq femmes attendent la star de **Stéphane Ternoise**
© **Jean-Luc PETIT - BP 17 - 46800 Montcuq - France**